Dr. Oetker

SANFT GAREN

mit der 80°C- und 95°C-Methode für Geflügel und große Braten

WILHELM HEYNE VERLAG
MÜNCHEN

Sanft garen mit der 80 °C- und 95 °C-Methode.

Was macht edles Fleisch noch besser?
Ganz sanftes Garen im Niedertemperaturbereich.
So erhalten Sie saftig-zarte Braten der Spitzen-
klasse!

Dieses Mal kombinieren wir zwei Gartemperaturen
und zwar die 80 °C- und 95 °C-Methode. Je nach
Fleischdicke werden unterschiedliche Garzeiten
und -temperaturen benötigt. Die 95 °C-Methode
eignet sich im Gegensatz zur 80 °C-Methode gut,
um Geflügel im Ganzen zu garen!

Sie bereiten den Braten und die Zutaten vor – der
Rest geht wie von selbst. In Ruhe garen Kotelett-
stücke, Rinderbraten, Lammhaxen, Ente oder Gans
vor sich hin. So haben auch Sie Zeit, den Tisch
liebevoll zu decken und sich ganz Ihren Gästen
zu widmen.

Alle Rezepte sind von uns wie immer ausprobiert
und so beschrieben, dass sie leicht nachzuarbeiten
sind und garantiert gelingen.

Inhaltsübersicht

Hähnchen in Kokossauce

4–6 Portionen – Fruchtig - exotisch

1 küchenfertiges Hähnchen
(etwa 1,8 kg)

3 EL Speiseöl, z. B. Erdnussöl
1 EL Currypulver
1 TL Salz
1 TL frisch gemahlener Pfeffer

120 g Zwiebeln
1 Knoblauchzehe
1 Chilischote
400 ml Kokosmilch
200 ml Hühnerbrühe

1 rote Paprikaschote
1 Mango
400 g Ananasfruchtfleisch

1 EL Speisestärke

Außerdem:
Küchengarn

Zubereitungszeit: **40 Minuten**
Garzeit: **etwa 3 Stunden**

1_ Den Backofen bei Ober-/Unterhitze auf 200 °C vorheizen. Das Hähnchen unter fließendem kalten Wasser innen und außen abspülen, abtropfen lassen und trocken tupfen.

2_ Speiseöl mit Currypulver, Salz und Pfeffer verrühren. Das Hähnchen damit einstreichen. Die Keulen und Flügel mit Küchengarn zusammenbinden. Das Hähnchen mit der Brust nach unten in einen Bräter legen.

3_ Zwiebeln und Knoblauch abziehen, in feine Würfel schneiden und zum Hähnchen in den Bräter geben. Den Bräter auf dem Rost in den vorgeheizten Backofen (untere Schiene) schieben und das Hähnchen etwa 30 Minuten anbraten, dabei das Hähnchen 1-mal wenden.

4_ Chilischote längs halbieren, entstielen und entkernen. Die Schote abspülen, abtropfen lassen und fein hacken. Kokosmilch und Hühnerbrühe in den Bräter gießen. Chilischote unterrühren.

5_ Den Backofen bei Ober-/Unterhitze auf 95 °C herunterschalten. Das Hähnchen weitere etwa 2 ½ Stunden garen.

6_ Nach etwa 1 ½ Stunden Garzeit Paprikaschote halbieren, entstielen, entkernen und die weißen Scheidewände entfernen. Schote abspülen, abtropfen lassen und in feine Streifen schneiden. Paprikastreifen zum Hähnchen in den Bräter geben.

7_ Etwa 20 Minuten vor dem Ende der Garzeit Mango halbieren, das Fruchtfleisch vom Stein schneiden und schälen. Ananas und Mango in etwa 2 cm große Würfel schneiden.

8_ Das Hähnchen aus dem Bräter nehmen und warm stellen. Die Sauce zum Kochen bringen. Die Speisestärke in etwas kaltem Wasser anrühren, in die Sauce einrühren und kurz aufkochen lassen. Die Sauce mit den Gewürzen abschmecken, Ananas- und Mangowürfel unterrühren und kurz erwärmen. Hähnchen tranchieren, dabei das Küchengarn entfernen. Hähnchen mit der Sauce servieren.

Pro Portion: E: 63 g, F: 49 g, Kh: 25 g, kJ: 3339, kcal: 801

Beilage: Basmatireis oder Mie-Nudeln.

Tipp: Dazu Limettenspalten reichen.

Bio-Hähnchen, süß-sauer

4 Portionen – Raffiniert

1 Bio- oder Freilandhähnchen
   (etwa 1,2 kg)
Salz
frisch gemahlener Pfeffer
4 EL Speiseöl, z. B. Rapsöl
2 Zwiebeln
200 ml Hühnerbrühe

1 gelbe Paprikaschote
1 rote Paprikaschote
1 Ananas
   (etwa 400 g Fruchtfleisch)
150 g Tomatenketchup
1 TL rote Currypaste
2 gestr TI gemahlenes
   Zitronengras

Zubereitungszeit: **30 Minuten**
Garzeit: **etwa 5 Stunden**

1_ Den Backofen bei Ober-/Unterhitze auf 80 °C vorheizen. Das Hähnchen in 8 Stücke teilen. Hähnchenstücke unter fließendem kalten Wasser abspülen und trocken tupfen. Fett und Sehnen abschneiden. Hähnchenstücke mit Salz und Pfeffer würzen.

2_ Speiseöl in einem Bräter mit niedrigem Rand erhitzen. Die Hähnchenstücke darin in etwa 10 Minuten von allen Seiten gut anbraten.

3_ Zwiebeln abziehen, fein würfeln und im Bräter ebenfalls anbraten. Brühe einrühren, kurz aufkochen lassen und den Bräter auf dem Rost (mittlere Schiene) in den vorgeheizten Backofen schieben. Hähnchen etwa 5 Stunden garen.

4_ Etwa 2 Stunden vor dem Ende der Garzeit Paprikaschoten halbieren, entstielen, entkernen und die weißen Scheidewände entfernen. Schoten waschen, abtropfen lassen und in Streifen schneiden. Paprikastreifen mit zum Hähnchen in den Bräter geben. Bräter zurück in den Backofen schieben.

5_ Etwa 1 Stunde vor dem Ende der Garzeit von der Ananas Schopf mit Stielansatz und dem obersten Stück Schale abschneiden. Ananas der Länge nach vierteln und den inneren Strunk herausschneiden. Ananas schälen. Fruchtfleisch zuerst in etwa 1 cm dicke Scheiben, dann in Stücke schneiden.

6_ Paprikastreifen mit Ketchup und Currypaste verrühren und mit Salz, Pfeffer und Zitronengras würzen. Ananasstücke ebenfalls in den Bräter geben. Den Bräter zurück in den Backofen schieben und das Hähnchen zu Ende garen.

Pro Portion: E: 45 g, F: 21 g, Kh: 28 g, kJ: 2113, kcal: 506

Beilage: Basmatireis.

Poularde, gefüllt mit einer böhmischen Knödelmasse

8 Portionen – Etwas aufwändiger

2 Brötchen (Semmeln) vom
 Vortag
60 g Butter

200 g Weizenmehl
20 g frische Hefe
1 Prise Zucker
75 ml lauwarme Milch
2 Eier (Größe M)
1 TL Salz
14 Backpflaumen ohne Stein
2 Stängel Thymian

2 küchenfertige Poularden
 (je etwa 1,4 kg)
Salz
frisch gemahlener Pfeffer
2 EL Olivenöl

Außerdem:
Holzstäbchen
Küchengarn

Zubereitungszeit: **60 Minuten,
ohne Abkühl- und Teiggehzeit**
Garzeit: **etwa 3 Stunden**

1_ Brötchen in kleine Würfel schneiden. Butter in einer Pfanne zerlassen.
 Brötchenwürfel darin anrösten, herausnehmen und abkühlen lassen.

2_ Mehl in eine Rührschüssel geben. In die Mitte eine Vertiefung drücken
 und die Hefe hineinbröckeln. Zucker und etwas Milch hinzufügen,
 mit einer Gabel mit einem Teil des Mehls verrühren und zugedeckt
 10–15 Minuten gehen lassen.

3_ Restliche Milch, Eier und Salz hinzufügen. Die Zutaten mit Handrührgerät mit Knethaken zunächst kurz auf niedrigster, dann auf höchster
 Stufe in etwa 5 Minuten zu einem glatten, nicht zu festen Teig ver-
 arbeiten.

4_ Backpflaumen in feine Streifen schneiden. Thymian abspülen und
 trocken tupfen. Die Blättchen von den Stängeln zupfen. Blättchen klein
 schneiden. Brötchenwürfel, Backpflaumenstreifen und Thymian unter
 den Hefeteig arbeiten. Den Teig zugedeckt so lange an einem warmen
 Ort gehen lassen, bis er sich verdoppelt hat (etwa 30 Minuten).

5_ Den Backofen bei Ober-/Unterhitze auf 95 °C vorheizen. Poularden von
 innen und außen unter fließendem kalten Wasser abspülen und gut
 trocken tupfen. Von innen mit Salz und Pfeffer würzen.

6_ Den Teig kurz kneten und die Poularden damit füllen. Die Bauchöffnung
 mit Holzstäbchen und Küchengarn verschließen. Die Poularde von
 außen mit Salz und Pfeffer einreiben. Die Flügel mit Küchengarn unter
 den Körper binden, die Keulen zusammenbinden.

7_ Olivenöl in einem großen Bräter erhitzen. Die Poularden darin nacheinander von allen Seiten in etwa 10 Minuten goldbraun anbraten.
 Beide Poularden in den Bräter legen. Den Bräter auf dem Rost in den
 vorgeheizten Backofen (unteres Drittel) schieben und die Poularden
 etwa 3 Stunden garen, dabei 1-mal wenden.

8_ Die Poularden aus dem Bräter nehmen. Holzstäbchen und Küchengarn
 entfernen. Die Poularden mit einer Geflügelschere in Portionsstücke
 schneiden und warm stellen. Die Füllung in Scheiben schneiden, mit
 den Poulardenstücken anrichten und mit einem Teil des Bratensaftes
 übergießen.

Pro Portion: E: 65 g, F: 39 g, Kh: 32 g, kJ: 3117, kcal: 745

Pute in Traubensauce

6–8 Portionen – Fruchtig

1 küchenfertige Pute (etwa 4 kg)
1 EL Paprikapulver edelsüß
1 EL Currypulver
1 TL gemahlener Zimt
2 TL Salz
1 TL Pfeffer
4 EL Speiseöl, z. B. Rapsöl

120 g Zwiebeln
120 g Schinkenwürfel
500 g kernlose grüne
  Weintrauben
1 Lorbeerblatt
500 ml (½ l) Hühnerbrühe
125 ml (⅛ l) Maracuja-Sirup

1 EL Speisestärke

Zubereitungszeit: **40 Minuten**
Garzeit: **etwa 5 Stunden**

1_ Den Backofen bei Ober-/Unterhitze auf 200 °C vorheizen. Die Pute innen und außen unter fließendem kalten Wasser abspülen, abtropfen lassen und trocken tupfen.

2_ Paprikapulver, Currypulver, Zimt, Salz und Pfeffer mit dem Öl verrühren, die Pute damit innen und außen einstreichen. Die Pute mit der Brust nach unten in einen Bräter legen. Den Bräter auf dem Rost in den vorgeheizten Backofen (untere Schiene) schieben und die Pute etwa 30 Minuten anbraten, dabei die Pute 1-mal wenden.

3_ Zwiebeln abziehen und in feine Würfel schneiden. Zwiebel- und Schinkenwürfel nach etwa 15 Minuten Bratzeit in den Bräter geben und mit anbraten.

4_ Weintrauben waschen, abtropfen lassen und entstielen. Nach dem Anbraten die Weintrauben und das Lorbeerblatt in den Bräter geben. Hühnerbrühe und Maracuja-Sirup hinzugießen. Den Backofen bei Ober-/Unterhitze auf 95 °C herunterschalten. Die Pute etwa 4 ½ Stunden garen.

5_ Die Pute aus dem Bräter nehmen und warm stellen. Die Stärke in etwas kaltem Wasser anrühren und in die Sauce einrühren. Die Sauce kurz aufkochen lassen, mit Salz und Pfeffer abschmecken. Lorbeerblatt entfernen.

6_ Die Pute tranchieren und mit der Sauce servieren.

Pro Portion: E: 91 g, F: 70 g, Kh: 27 g, kJ: 4608, kcal: 1100

Beilage: Naturreis.

Bio-Hahn „Coq au Vin"

6 Portionen – Mit Alkohol

1 küchenfertiges Bio-Hähnchen
(etwa 2,2 kg)

1 EL Paprikapulver edelsüß

je 1 TL gerebelter Thymian, Salz
und Pfeffer

4 EL Olivenöl

250 g Schalotten

400 g Champignons

125 g Schinkenwürfel

500 ml (½ l) trockener Rotwein

4 cl Cognac oder Weinbrand

1 EL Speisestärke

Außerdem:
Küchengarn

Zubereitungszeit: **40 Minuten**
Garzeit: **etwa 4 Stunden**

1_ Den Backofen bei Ober-/Unterhitze auf 200 °C vorheizen. Das Hähnchen unter fließendem kalten Wasser innen und außen abspülen, abtropfen lassen und trocken tupfen.

2_ Paprikapulver, Thymian, Salz und Pfeffer mit Olivenöl verrühren. Das Hähnchen mit der Würzmischung außen und innen einstreichen, die Keulen mit Küchengarn zusammenbinden. Das Hähnchen mit dem Rücken nach oben in einen Bräter legen. Den Bräter auf dem Rost in den vorgeheizten Backofen (untere Schiene) schieben und das Hähnchen etwa 30 Minuten anbraten, dabei 1-mal wenden.

3_ Schalotten abziehen, in Spalten schneiden und nach der Hälfte der Anbratzeit mit in den Bräter geben. Champignons putzen, mit Küchenpapier abreiben, evtl. kurz abspülen, gut abtropfen lassen und in Scheiben schneiden. Champignonscheiben mit den Schinkenwürfeln in den Bräter geben. Rotwein und Cognac oder Weinbrand hinzugießen.

4_ Den Backofen bei Ober-/Unterhitze auf 95 °C herunterschalten. Das Hähnchen etwa 3 ½ Stunden garen.

5_ Das Hähnchen aus dem Bräter nehmen und warm stellen. Die Sauce zum Kochen bringen. Die Stärke in etwas kaltem Wasser anrühren, in die Sauce einrühren und kurz aufkochen lassen, mit Salz und Pfeffer würzen.

6_ Das Hähnchen tranchieren, dabei Küchengarn entfernen. Hähnchen mit der Sauce servieren.

Pro Portion: E: 68 g, F: 38 g, Kh: 6 g, kJ: 2932, kcal: 701

Beilage: Bandnudeln oder frisches Baguette.

Putenbrust mit Erbsenrisotto

6 Portionen – Mit Alkohol

120 g Zwiebeln

400 g Champignons

1,25 kg Putenbrust

Salz

frisch gemahlener Pfeffer

1–2 TL gerebelter Thymian

4 EL Speiseöl, z. B. Rapsöl

80 g gewürfelter Schinken

1 EL Tomatenmark

100 ml trockener Weißwein

120 g Schlagsahne

150 ml Hühnerbrühe

40 g Butter

350 g Risottoreis, z. B. Arborio

etwa 700 ml heiße Hühnerbrühe

300 g TK-Erbsen

Zubereitungszeit: 45 Minuten

Garzeit: **etwa 2 Stunden**

1_ Den Backofen bei Ober-/Unterhitze auf 95 °C vorheizen. Zwiebeln abziehen und in feine Würfel schneiden. Champignons putzen, mit Küchenpapier abreiben, evtl. kurz abspülen, gut abtropfen lassen und in Scheiben schneiden.

2_ Die Putenbrust unter fließendem kalten Wasser abspülen, trocken tupfen, mit Salz, Pfeffer und Thymian würzen. Das Öl in einem Bräter erhitzen und die Putenbrust darin von allen Seiten etwa 10 Minuten anbraten. Die Hälfte der Zwiebelwürfel hinzufügen und kurz anbraten, dann die Champignonscheiben zugeben und ebenfalls anbraten. Schinkenwürfel und Tomatenmark unterrühren. Wein, Sahne und Brühe hinzugießen und kurz aufkochen lassen.

3_ Den Bräter auf dem Rost in den vorgeheizten Backofen (unteres Drittel) schieben und die Putenbrust etwa 2 Stunden garen.

4_ Etwa 30 Minuten vor dem Ende der Garzeit die Butter in einem Topf zerlassen und die restlichen Zwiebelwürfel darin andünsten. Reis hinzufügen, kurz andünsten. Etwas von der heißen Brühe hinzugießen und zum Kochen bringen. Den Reis zugedeckt unter gelegentlichem Rühren bei schwacher Hitze in etwa 20 Minuten ausquellen lassen, dabei nach und nach die Brühe hinzugießen. Die Erbsen nach etwa 15 Minuten Garzeit unterrühren und das Risotto zu Ende quellen lassen.

5_ Die Putenbrust mit Risotto und Pilzrahmsauce servieren.

Pro Portion: E: 63 g, F: 22 g, Kh: 54 g, kJ: 2887, kcal: 691

Tipp: Zum Servieren die Putenbrust mit Thymianstängeln garnieren.

Putenbrust „Indische Art"

4 Portionen – Für Kinder

600 g Putenbrustfilet

Salz

frisch gemahlener Pfeffer

2 Zwiebeln

3 EL Speiseöl, z. B. Rapsöl

400 g Knollensellerie

100 ml Hühnerbrühe

2 säuerliche Äpfel, z. B. Cox
  Orange

2 Bananen

20 g Ingwer

1–2 EL Crème fraîche

1 TL Currypulver

Zubereitungszeit: **35 Minuten**

Garzeit: **etwa 50 Minuten**

1_ Den Backofen bei Ober-/Unterhitze auf 80 °C vorheizen. Einen feuerfesten Teller oder eine Auflaufform mit niedrigem Rand auf dem Rost (mittlere Schiene) miterwärmen.

2_ Putenbrust unter fließendem kalten Wasser abspülen, trocken tupfen und in etwas größere Stücke schneiden, mit Salz und Pfeffer würzen. Zwiebeln abziehen, halbieren und fein würfeln.

3_ Öl in einer Pfanne erhitzen. Zuerst die Zwiebelwürfel darin anbraten, dann die Fleischstücke darin von allen Seiten in etwa 6 Minuten anbraten. Die Fleischstücke mit den Zwiebeln auf dem vorgewärmten Teller oder in der Auflaufform auf dem Rost in den vorgeheizten Backofen schieben und etwa 50 Minuten garen. Pfanne mit dem Bratensatz beiseitestellen.

4_ Sellerie schälen, abspülen, abtropfen lassen und in kleine Würfel schneiden. Beiseite gestellte Pfanne erwärmen und die Selleriewürfel darin etwa 10 Minuten braten. Brühe hinzugießen und kurz aufkochen lassen.

5_ Äpfel, Bananen und Ingwer schälen. Äpfel entkernen. Ingwer, Bananen und Äpfel in kleine Würfel schneiden, kurz mit in der Pfanne erwärmen. Sauce mit Crème fraîche verrühren und mit Currypulver, Salz und Pfeffer abschmecken. Putenbruststücke mit der Sauce servieren.

Pro Portion: E: 39 g, F: 12 g, Kh: 20 g, kJ: 1469, kcal: 352

Beilage: Reis mit Korianderblättchen und Apfelspalten garniert.

Pute mit Kürbis-Ingwer-Gemüse

10 Portionen – Für Gäste

1 große küchenfertige Pute
  (etwa 5,5 kg)
3 EL Grill-Barbecue-
  Würzmischung
3 EL Olivenöl
Salz

200 g Zwiebeln
150 g Möhren

750 ml (¾ l) Geflügelbrühe
200 g Tomatenketchup

1,8 kg Kürbis, z. B. Hokkaido
30 g Ingwer
300 ml Orangensaft
½ TL Salz
60 g Butter

2 TL Estragon in Öl

Außerdem:
Küchengarn
Alufolie

Zubereitungszeit: **40 Minuten**
Garzeit: **etwa 7 Stunden**

1_ Den Backofen bei Ober-/Unterhitze auf 200 °C vorheizen. Die Pute unter fließendem kalten Wasser von innen und außen abspülen und trocken tupfen.

2_ Barbecue-Würzmischung mit Olivenöl verrühren, die Pute damit innen und außen einstreichen. Die Pute innen und außen noch etwas mit Salz bestreuen. Putenkeulen mit Küchengarn zusammenbinden. Die Pute mit der Brust nach unten in einen großen Bräter legen. Den Bräter auf dem Rost in den Backofen (untere Schiene) schieben. Die Pute etwa 30 Minuten anbraten, dabei die Pute 1-mal wenden.

3_ Zwiebeln abziehen und fein würfeln. Möhren putzen, schälen, abspülen, abtropfen lassen und in kleine Würfel schneiden. Zwiebel- und Möhrenwürfel zur Pute in den Bräter geben.

4_ Nach dem Anbraten den Backofen auf Ober-/Unterhitze 95 °C herunterschalten. Geflügelbrühe mit Ketchup in einem Topf verrühren, kurz aufkochen lassen und zur Pute in den Bräter gießen. Die Pute weitere etwa 6 ½ Stunden garen. Nach etwa 2 Stunden Garzeit die Putenbrust mit Alufolie zudecken.

5_ Etwa 30 Minuten vor dem Ende der Garzeit den Kürbis vierteln und entkernen. Kürbis schälen und das Fruchtfleisch in etwa 2 cm große Würfel schneiden. Ingwer schälen, abspülen, abtropfen lassen und in feine Würfel schneiden. Kürbis mit Orangensaft, Ingwer, Salz und Butter in einen Topf geben, kurz aufkochen lassen und dann zugedeckt bei schwacher Hitze etwa 8 Minuten garen.

6_ Die Pute aus dem Bräter nehmen. Die Sauce entfetten. Estragon in die Sauce einrühren, evtl. nochmals mit Salz und Pfeffer abschmecken. Pute tranchieren, dabei Küchengarn entfernen. Pute mit der Sauce servieren.

Pro Portion: E: 75 g, F: 58 g, Kh: 15 g, kJ: 3723, kcal: 889

Beilage: Kartoffelpüree oder Rösti.

Tipp: Die Pute mit frischen Estragonstängeln und Orangenscheiben garniert servieren.

Entenbrust mit rotem Zwiebelgemüse

6 Portionen – Mit Alkohol

1,25 kg rote Zwiebeln
5 EL Rapsöl

3 Entenbrustfilets
  (je etwa 450 g)
Salz
frisch gemahlener Pfeffer

2 EL Puderzucker
300 ml trockener Rotwein
2 EL Johannisbeergelee
3–4 EL Orangenlikör
1 TL gerebelter Thymian

Zubereitungszeit: **50 Minuten**
Garzeit: **etwa 30 Minuten**

1_ Zwiebeln abziehen und je nach Größe vierteln oder sechsteln. Das Öl in einem Bräter erhitzen und die Zwiebeln unter gelegentlichem Wenden etwa 10 Minuten darin anbraten.

2_ In der Zwischenzeit den Backofen bei Ober-/Unterhitze auf 95 °C vorheizen. Einen hitzebeständigen Teller oder eine Auflaufform auf dem Rost (mittlere Schiene) miterhitzen. Die Entenbrustfilets unter fließendem kalten Wasser abspülen, trocken tupfen und mit Salz und Pfeffer bestreuen.

3_ Eine Pfanne ohne Fett erhitzen. Die Filets mit der Fettseite nach unten hineinlegen und etwa 5 Minuten braten. Dann die Filets wenden und von der anderen Seite ebenfalls etwa 5 Minuten braten. Die Filets auf dem vorgewärmten Teller oder in der Auflaufform auf dem Rost in den vorgeheizten Backofen schieben und etwa 30 Minuten garen.

4_ Die Zwiebeln mit Puderzucker bestäuben, kurz karamellisieren lassen und den Rotwein hinzugießen. Johannisbeergelee unterrühren, aufkochen lassen und etwa 20 Minuten bei schwacher Hitze köcheln lassen.

5_ Die Entenbrüste mit Orangenlikör übergießen, aus dem Bratensatz nehmen.

6_ Das Zwiebelgemüse mit Salz, Pfeffer und Thymian würzen, Bratensatz unterrühren. Die Entenbrustfilets in Scheiben schneiden und mit dem Zwiebelgemüse servieren.

Pro Portion: E: 43 g, F: 47 g, Kh: 22 g, kJ: 3041, kcal: 726

Beilage: Herzoginkartoffeln.

Entenbrust mit fruchtiger Rote-Bete-Nuss-Sauce

6 Portionen – Mit Alkohol

3 Entenbrustfilets
  (je etwa 400 g)
Salz
frisch gemahlener Pfeffer

etwa 350 g gegarte Rote Bete
  (vakuumverpackt)
350 g kernlose grüne und blaue
  Weintrauben
4–5 Stängel Beifuß oder
  1 TL gerebelter Beifuß
100 g Walnusskernhälften
1–2 TL Zucker
250 ml (¼ l) trockener Rotwein
200 ml Enten- oder Geflügelfond
  oder -brühe

½–1 EL Crema di Balsamico

Zubereitungszeit: **45 Minuten**
Garzeit: **etwa 30 Minuten**

1_ Den Backofen bei Ober-/Unterhitze auf 95 °C vorheizen. Einen hitzebeständigen Teller oder eine Auflaufform auf dem Rost (mittlere Schiene) miterhitzen. Die Entenbrustfilets unter fließendem kalten Wasser abspülen und trocken tupfen. Die Haut mit einem scharfen Messer einschneiden. Entenbrustfilets mit Salz und Pfeffer würzen.

2_ Eine Pfanne ohne Fett erhitzen. Die Filets mit der Fettseite nach unten hineinlegen und etwa 5 Minuten braten. Dann die Filets wenden und von der anderen Seite ebenfalls etwa 5 Minuten braten.

3_ Die Filets auf dem vorgewärmten Teller oder in der Auflaufform auf dem Rost in den vorgeheizten Backofen schieben und etwa 30 Minuten garen.

4_ In der Zwischenzeit Rote Bete in Spalten schneiden. Weintrauben abwaschen, trocken tupfen, entstielen und halbieren. Beifuß abspülen, trocken tupfen und etwas kleiner zupfen.

5_ Die Pfanne mit dem Bratensatz wieder erwärmen. Rote-Bete-Spalten, Walnusskern- und Weintraubenhälften darin unter mehrmaligem Wenden anbraten. Zucker daraufstreuen und karamellisieren lassen.

6_ Rotwein und Fond oder Brühe hinzugießen. Beifuß und Crema di Balsamico unterrühren, mit Salz und Pfeffer würzen. Die Zutaten zum Kochen bringen und etwa 10 Minuten einkochen lassen, nochmals abschmecken.

7_ Entenbrustfilets in Scheiben schneiden und mit der Sauce anrichten.

Pro Portion: Pro Portion: E: 40 g, F: 45 g, Kh: 17 g, kJ: 2743, kcal: 654

Tipp: Beifuß gehört zur Familie der Korbblütler. Man verwendet die frischen und getrockneten Blätter. Er riecht angenehm würzig, schmeckt leicht bitter und sollte immer mitgegart werden.

Entenbraten mit Orangensauce

4–6 Portionen – Klassisch

1 küchenfertige Barbarie-Ente
  (etwa 2,4 kg)
Salz
frisch gemahlener Pfeffer

120 g Zwiebeln
30 g Ingwer
1 EL Tomatenmark
300 ml Hühnerbrühe
200 ml Orangensaft
1 Lorbeerblatt
5 Gewürznelken
1 Sternanis

4 Orangen
2 TL Speisestärke

Zubereitungszeit: **30 Minuten**
Garzeit: **etwa 5 ½ Stunden**

1_ Den Backofen bei Ober-/Unterhitze auf 95 °C vorheizen. Die Ente innen und außen unter fließendem kalten Wasser abspülen, tropfnass in einen erwärmten Bräter legen und mit Salz und Pfeffer würzen. Die Ente etwa 10 Minuten rundherum gut anbraten.

2_ Zwiebeln abziehen und würfeln. Ingwer schälen und ebenfalls würfeln. Zwiebelwürfel zu der Ente in den Bräter geben und kurz andünsten. Tomatenmark unterrühren. Hühnerbrühe und Orangensaft hinzugießen und kurz aufkochen lassen. Ingwerwürfel, Lorbeerblatt, Gewürznelken und Sternanis unterrühren.

3_ Den Bräter auf dem Rost in den vorgeheizten Backofen (untere Schiene) schieben und die Ente etwa 5 Stunden garen.

4_ Etwa 30 Minuten vor dem Ende der Garzeit die Orangen so schälen, dass die weiße Haut mit entfernt wird. Orangen filetieren.

5_ Die Ente aus dem Bräter nehmen und auf eine hitzebeständige Platte legen. Diese auf dem Rost in den Backofen schieben und die Ente unter dem vorgeheizten Backofengrill (etwa 240 °C) 5–10 Minuten knusprig grillen.

6_ Inzwischen die Sauce zum Kochen bringen. Speisestärke in etwas kaltem Wasser anrühren und in die Sauce einrühren, kurz aufkochen lassen. Lorbeerblatt, Gewürznelken und Sternanis entfernen. Die Sauce mit Salz und Pfeffer abschmecken, die Orangenfilets in die Sauce geben und kurz erwärmen.

7_ Die Ente tranchieren und mit der Orangensauce servieren.

Pro Portion: E: 71 g, F: 66 g, Kh: 18 g, kJ: 4017, kcal: 958

Beilage: Kartoffelklöße oder Bandnudeln.

Tipp: Die Ente sollte auf jeden Fall eine Kerntemperatur von 80 °C an den Keuleninnenseiten haben, sonst die Ente noch etwas länger im Backofen garen.

Klassischer Gänsebraten

6–8 Portionen – Für Festtage

1 küchenfertige Gans
  (etwa 4,8 kg)
Salz
frisch gemahlener Pfeffer
1 EL gerebelter Beifuß

2 säuerliche Äpfel, z. B. Boskop

180 g Zwiebeln
1 EL Tomatenmark

100 ml Apfelsaft
300 ml Hühnerbrühe

80 g Lebkuchen ohne Schoko-
  lade oder Saucenlebkuchen

Außerdem:
Holzstäbchen
Küchengarn

Zubereitungszeit: **45 Minuten**
Garzeit: **etwa 5 ½ Stunden**

1_ Den Backofen auf 200 °C vorheizen. Die Gans unter fließendem kalten Wasser abspülen und abtropfen lassen, inneres Fett entfernen. Die Gans von innen und außen mit Salz, Pfeffer und Beifuß würzen.

2_ Äpfel waschen, abtrocknen und das Kerngehäuse mit einem Ausstecher entfernen, oder die Äpfel vierteln und entkernen. Die Gans mit den Äpfeln füllen und die Öffnung mit Holzstäbchen und Küchengarn verschließen.

3_ Die Gans mit der Brust nach unten in einen großen Bräter legen. Den Bräter auf dem Rost in den vorgeheizten Backofen (untere Schiene) schieben und die Gans etwa 30 Minuten anbraten, dabei 1-mal wenden.

4_ Zwiebeln abziehen und würfeln. Zwiebeln und Tomatenmark in den Bräter geben. Den Backofen bei Ober-/Unterhitze auf 95 °C herunterschalten. Die Gans weitere etwa 5 Stunden garen.

5_ Nach etwa 3 Stunden Garzeit Apfelsaft und Hühnerbrühe erwärmen und hinzugießen. Die Gans zu Ende garen.

6_ Die Gans aus dem Bräter nehmen und auf eine hitzebeständige Platte legen. Diese auf dem Rost in den Backofen schieben und die Gans unter dem vorgeheizten Backofengrill (etwa 240 °C) 5–10 Minuten knusprig grillen.

7_ Inzwischen die Sauce entfetten, den Lebkuchen etwas zerkrümeln und in die Sauce einrühren. Die Sauce kurz aufkochen lassen, nochmals mit Salz und Pfeffer abschmecken. Die Gans tranchieren, dabei Holzstäbchen und Küchengarn entfernen. Gans mit der Sauce servieren.

Pro Portion: E: 88 g, F: 87 g, Kh: 13 g, kJ: 4931, kcal: 1178

Beilage: Kartoffelklöße, gedünstete Apfelscheiben und Rotkohl.

Tipp: Die Gans sollte auf jeden Fall eine Kerntemperatur von etwa 80 °C an den Schenkelinnenseiten haben, sonst die Gans noch etwas länger im Backofen garen.
Die Sauce kann statt mit Lebkuchen auch mit 1–2 Esslöffeln Weizenmehl in etwas kaltem Wasser angerührt, gebunden werden. Oder die Sauce mit 1–2 Esslöffeln Crème fraîche verfeinern.

Gänsebraten mit Maronen-Lebkuchen-Füllung

6–8 Portionen – Für Gäste

1 küchenfertige Gans
  (etwa 4,2 kg)

250 g Zwiebeln
4 Brötchen (Semmeln) vom
  Vortag (etwa 250 g)
80 g Lebkuchen ohne Schoko-
  lade oder Saucenlebkuchen
100 g getrocknete Aprikosen
1 Apfel
1 Bund Schnittlauch
250 g Maronen
  (gegart, aus der Dose)
50 g Butter
125 ml (⅛ l) Milch
2 Eier
Salz
frisch gemahlener Pfeffer
1 EL Tomatenmark
2 TL gerebelter Beifuß
800 ml Geflügelfond

1 EL Weizenmehl
1 EL Speisestärke

Außerdem:
Holzstäbchen
Küchengarn

Zubereitungszeit: **50 Minuten,
ohne Abkühlzeit**
Garzeit: **etwa 5 ½ Stunden**

1_ Die Gans innen und außen gründlich unter fließendem kalten Wasser
abspülen und abtropfen lassen, inneres Fett entfernen.

2_ Zwiebeln abziehen und in kleine Würfel schneiden. Brötchen und
Lebkuchen halbieren, in dünne Scheiben schneiden und in eine
Schüssel geben. Aprikosen vierteln. Apfel schälen, vierteln, entkernen
und fein würfeln. Schnittlauch abspülen, trocken tupfen und in feine
Röllchen schneiden. Maronen evtl. abtropfen lassen und in kleine
Stücke schneiden.

3_ Butter in einem Topf zerlassen. Etwa 80 g der Zwiebelwürfel darin
andünsten. Apfelwürfel und Aprikosenviertel unterrühren. Milch hinzugießen. Das Ganze unter Rühren zum Kochen bringen, kurz aufkochen
und dann den Topf von der Kochstelle nehmen. Die Mischung etwa
5 Minuten abkühlen lassen.

4_ Den Backofen bei Ober-/Unterhitze auf 200 °C vorheizen. Eier, Maronen
und Schnittlauchröllchen unter die Mischung rühren, mit Salz und
Pfeffer würzen. Die Mischung auf die Lebkuchen-Brötchen-Scheiben
geben. Das Ganze gut vermischen und die Gans mit der Masse füllen.
Die Gans mit Holzstäbchen und Küchengarn verschließen, mit Salz
und Pfeffer würzen. Die Gans mit der Brust nach unten in einen großen
Bräter legen, restliche Zwiebeln zugeben.

5_ Den Bräter auf dem Rost in den vorgeheizten Backofen (untere Schiene)
schieben und die Gans etwa 30 Minuten anbraten, dabei 1-mal wenden.

6_ Tomatenmark unterrühren, Beifuß hinzufügen und Geflügelfond hinzugießen. Den Backofen bei Ober-/Unterhitze auf 95 °C herunterschalten.
Die Gans etwa 5 Stunden garen.

7_ Die Gans aus dem Bräter nehmen und warm stellen. Die Sauce entfetten und evtl. durch ein Sieb in einen Topf gießen. Sauce zum Kochen
bringen. Mehl und Speisestärke mit etwas kaltem Wasser anrühren,
in die Sauce einrühren und etwa 5 Minuten köcheln lassen. Die Gans
tranchieren (dabei Holzstäbchen und Küchengarn entfernen), mit der
Sauce und der Füllung servieren.

Pro Portion: E: 86 g, F: 87 g, Kh: 51 g, kJ: 5557, kcal: 1327

Tipp: Servieren Sie in Butter gedünstete Apfelspalten, garniert mit
Lorbeerblättern, dazu.

Straußenfilet in Wacholdersahne

10–12 Portionen – Etwas Besonderes

2,5 kg Straußenfilet

250 g Zwiebeln
2 TL Wacholderbeeren
2 TL Pimentkörner

5 EL Speiseöl, z. B. Rapsöl
Salz
frisch gemahlener Pfeffer
1 EL Tomatenmark
1 Lorbeerblatt
500 ml (½ l) Hühnerbrühe

1,25 kg Schwarzwurzeln
Essigwasser
  (4 EL Essig in 1 l Wasser)
250 g Schlagsahne
Saft von 1 Limette
2 EL Dijon-Senf
etwas frisch geriebene
  Muskatnuss
1 Bund Petersilie

200 g Schlagsahne
1 EL Weizenmehl

Zubereitungszeit: 60 Minuten
Garzeit: **etwa 3 Stunden**

1_ Den Backofen bei Ober-/Unterhitze auf 95 °C vorheizen. Straußenfilet unter fließendem kalten Wasser abspülen und trocken tupfen. Zwiebeln abziehen und in kleine Würfel schneiden. Wacholderbeeren und Piment in einem Mörser fein zerstoßen oder zerdrücken.

2_ Das Öl in einem Bräter erhitzen. Das Straußenfilet mit Salz und Pfeffer würzen und darin von allen Seiten etwa 10 Minuten anbraten. Etwa zwei Drittel der Zwiebelwürfel mit anbraten. Tomatenmark unterrühren. Piment, Wacholderbeeren und Lorbeerblatt hinzufügen. Hühnerbrühe hinzugießen und kurz aufkochen lassen.

3_ Den Bräter auf dem Rost in den vorgeheizten Backofen (unteres Drittel) schieben und das Filet etwa 3 Stunden garen, dabei 2–3-mal wenden.

4_ Etwa 45 Minuten vor dem Ende der Garzeit das Schwarzwurzelgemüse zubereiten. Dazu die Schwarzwurzeln unter fließendem Wasser gründlich abbürsten, abtropfen lassen, schälen, nochmals abspülen und abtropfen lassen. Die Schwarzwurzeln kurz in Essigwasser legen, damit die Stangen weiß bleiben. Dann die Stangen abtropfen lassen und in etwa 3 cm lange Stücke schneiden.

5_ Sahne mit den restlichen Zwiebelwürfeln, Limettensaft und Senf unter gelegentlichem Rühren zum Kochen bringen. Die Schwarzwurzelstücke hinzufügen und darin zugedeckt bei schwacher Hitze 12–15 Minuten dünsten. Das Schwarzwurzelgemüse mit Muskatnuss abschmecken. Petersilie abspülen, trocken tupfen und die Blättchen von den Stängeln zupfen. Die Blättchen fein hacken und unter das Gemüse rühren.

6_ Das Filet aus dem Bräter nehmen und warm stellen. Die Sauce durch ein Sieb in einen Topf gießen. Sahne in die Sauce einrühren und kurz aufkochen lassen. Mehl in etwas kaltem Wasser anrühren, in die Sauce einrühren und nochmals kurz aufkochen lassen. Die Sauce etwa 5 Minuten köcheln lassen, dann mit Salz und Pfeffer abschmecken. Das Straußenfilet in Scheiben schneiden, mit Sauce und Schwarzwurzelgemüse servieren.

Pro Portion: E: 53 g, F: 21 g, Kh: 6 g, kJ: 1834, kcal: 438

Beilage: Kräuterspätzle.

Tipp: Das Straußenfilet mit rosa Pfefferbeeren, Wacholderbeeren und Lorbeerblättern garniert servieren.

Gefüllter Rinderbraten in Steinpilzsauce

6–8 Portionen – Mit Alkohol

Zum Vorbereiten:

40 g getrocknete Steinpilze

600 ml Wasser

180 g Zwiebeln

2 Knoblauchzehen

150 g rote Linsen

200 ml Fleischbrühe

20 g getrocknete Tomaten

30 g geriebener Parmesan-Käse

Salz

frisch gemahlener Pfeffer

1,5 kg Rindfleisch aus der Hüfte

200 g Möhren

5 EL Olivenöl

1 TL gerebelter Rosmarin

200 ml trockener Rotwein

2 EL Speisestärke

Außerdem:

Küchengarn

Zubereitungszeit: **45 Minuten, ohne Abkühlzeit**

Garzeit: **etwa 4 Stunden**

1_ Zum Vorbereiten die Steinpilze in 600 ml kaltem Wasser über Nacht einweichen.

2_ Zwiebeln und Knoblauch abziehen, fein würfeln. Linsen mit Brühe in einem Topf zum Kochen bringen. Etwa 50 g der Zwiebelwürfel unterrühren, dann die Linsen zugedeckt bei schwacher Hitze etwa 10 Minuten garen, dabei gelegentlich umrühren. Linsen erkalten lassen.

3_ Die Steinpilze auf ein Sieb geben, dabei das Einweichwasser auffangen und 500 ml (½ l) davon abmessen. Tomaten in feine Streifen schneiden, mit dem Käse unter die Linsen rühren. Die Linsenmischung mit Salz und Pfeffer würzen.

4_ Den Backofen bei Ober-/Unterhitze auf 95 °C vorheizen. Das Fleisch mit Küchenpapier trocken tupfen. Das Fleisch an der Längsseite im unteren Drittel waagerecht bis fast zur Kante einschneiden (nicht durchschneiden). Das Fleisch aufklappen und die dicke Seite von der Mitte aus waagerecht einschneiden (nicht durchschneiden) und aufklappen, sodass eine möglichst große, flache, rouladenartige Fläche entsteht. Fleisch evtl. noch etwas flach klopfen.

5_ Die Linsenmischung auf dem Fleisch verteilen, dabei rundherum einen etwa 2 cm breiten Rand frei lassen. Fleisch von der schmalen Seite her aufrollen, mit Küchengarn fest umwickeln. Möhren putzen, schälen, abspülen, abtropfen lassen und in etwa ½ cm breite Scheiben schneiden.

6_ Olivenöl in einem Bräter erhitzen. Das aufgerollte Fleisch mit Salz, Rosmarin und Pfeffer würzen und darin von allen Seiten etwa 10 Minuten anbraten. Restliche Zwiebelwürfel und die Knoblauchwürfel hinzufügen, mit anbraten. Möhrenscheiben ebenfalls in den Bräter geben und mit anbraten. Die abgemessene Steinpilzflüssigkeit und Rotwein hinzugießen, kurz aufkochen lassen. Den Bräter auf dem Rost in den vorgeheizten Backofen (unteres Drittel) schieben und den Braten etwa 4 Stunden garen, dabei 2–3-mal wenden.

7_ Etwa 2 Stunden vor dem Ende der Garzeit, die eingeweichten Steinpilze in den Bräter geben, unterrühren und den Braten zu Ende garen.

8_ Den Rinderbraten aus dem Bräter nehmen und warm stellen. Die Stärke in etwas kaltem Wasser anrühren und in die Sauce einrühren. Die Sauce kurz aufkochen lassen, mit Salz und Pfeffer abschmecken. Das Fleisch in Scheiben schneiden und mit der Sauce servieren.

Pro Portion: E: 55 g, F: 14 g, Kh: 19 g, kJ: 1855, kcal: 444

Beilage: Bandnudeln und Zuckererbsen.

Roastbeef in Estragon-Rotwein-Sauce

8 Portionen – Für Gäste – mit Alkohol

1,6 kg Roastbeef

Salz

frisch gemahlener Pfeffer

3 EL Estragon-Senf oder
   mittelscharfer Senf

2–3 EL Olivenöl

800 g Staudensellerie

10 rote Zwiebeln

3 Knoblauchzehen

1 Bund Estragon

2 EL Olivenöl

2 TL Zucker

200 ml trockener Rotwein

300 ml Rinderfond oder
   Fleischbrühe

Zubereitungszeit: **50 Minuten**

Garzeit: **etwa 90 Minuten**

1_ Den Backofen bei Ober-/Unterhitze auf 95 °C vorheizen. Einen hitzebeständigen Teller oder eine Auflaufform auf dem Rost (mittlere
Schiene) miterhitzen. Roastbeef mit Küchenpapier trocken tupfen,
mit Salz und Pfeffer bestreuen und mit Senf einstreichen.

2_ Öl in einem Bräter erhitzen. Das Roastbeef darin von allen Seiten etwa
10 Minuten anbraten.

3_ Dann das Roastbeef auf dem vorgewärmten Teller oder in der Auflaufform auf dem Rost in den vorgeheizten Backofen schieben und etwa
1 ½ Stunden garen. Den Bräter mit dem Bratensatz beiseitestellen.

4_ Etwa 40 Minuten vor dem Ende der Garzeit Sellerie putzen und die
harten Außenfäden abziehen. Sellerie abspülen, abtropfen lassen und
in etwa 3 cm lange Stücke schneiden.

5_ Zwiebeln und Knoblauch abziehen, Zwiebeln vierteln, Knoblauch
halbieren. Estragon abspülen und trocken tupfen. Einige Stängel zum
Garnieren beiseitelegen. Die Blättchen von den restlichen Stängeln
zupfen.

6_ Beiseite gestellten Bräter mit dem Bratensatz und Olivenöl erhitzen.
Zwiebelviertel, Knoblauchhälften und Selleriestücke hinzufügen, kurz
anbraten und etwa 10 Minuten unter gelegentlichem Rühren garen.

7_ Zucker auf das Gemüse streuen und karamellisieren. Rotwein und
Rinderfond oder Fleischbrühe hinzugießen, Estragonblättchen unterrühren und mit Salz und Pfeffer würzen. Die Sauce zum Kochen bringen
und etwa 5 Minuten bei mittlerer Hitze etwas einkochen lassen.

8_ Roastbeef in Scheiben schneiden, mit Sauce und beiseite gelegten
Estragonstängeln garniert servieren.

Pro Portion: E: 47 g, F: 15 g, Kh: 8 g, kJ: 1558, kcal: 372

Beilage: Kartoffeln.

Boeuf bourguignon

8 Portionen – Mit Alkohol

1,8 kg Rindfleisch aus der Keule

250 g Zwiebeln

2 Knoblauchzehen

250 g Möhren

400 g Champignons

60 g getrocknete Tomaten

5 EL Olivenöl

Salz

frisch gemahlener Pfeffer

120 g geräucherter, gewürfelter
  Schinken

600 ml trockener Rotwein, z. B.
  Burgunder oder Bordeaux

1 EL Weizenmehl

1 EL Speisestärke

Zubereitungszeit: **45 Minuten**
Garzeit: **etwa 4 ½ Stunden**

1_ Den Backofen bei Ober-/Unterhitze auf 95 °C vorheizen. Rindfleisch mit Küchenpapier trocken tupfen, evtl. Sehnen und Fett entfernen.

2_ Zwiebeln und Knoblauch abziehen und in kleine Würfel schneiden. Möhren putzen, schälen, abspülen, abtropfen lassen und in 1 cm dicke Scheiben schneiden. Champignons putzen, mit Küchenpapier abreiben, evtl. kurz abspülen und gut abtropfen lassen. Champignons vierteln. Getrocknete Tomaten in Stücke schneiden.

3_ Olivenöl in einem Bräter erhitzen. Das Fleisch mit Salz und Pfeffer würzen und darin etwa 10 Minuten von allen Seiten gut anbraten. Nach und nach Zwiebel- und Knoblauchwürfel, Möhrenscheiben, Champignonviertel, Tomatenstücke und Schinkenwürfel hinzufügen, unterrühren und kurz mit anbraten. Rotwein hinzugießen und kurz aufkochen lassen.

4_ Den Bräter auf dem Rost in den vorgeheizten Backofen (unteres Drittel) schieben und den Braten etwa 4 ½ Stunden garen, dabei 2–3-mal wenden.

5_ Den Rinderbraten aus dem Bräter nehmen und warm stellen. Die Sauce kurz aufkochen lassen. Mehl und Speisestärke in etwas kaltem Wasser anrühren, in die Sauce einrühren und etwa 5 Minuten kochen lassen. Die Sauce mit Salz und Pfeffer abschmecken. Den Braten in Scheiben schneiden und mit der Sauce servieren.

Pro Portion: E: 53 g, F: 17 g, Kh: 12 g, kJ: 1893, kcal: 452

Beilage: Baguette.

Rinderbraten in asiatischer Marinade

8 Portionen – Zum Vorbereiten

Zum Vorbereiten:
1,6 kg Rinderhüfte

Für die Marinade:
20 g Ingwer
4 EL Speiseöl, z. B. Erdnussöl
1 EL Sesamöl
2 EL Currypulver
1 TL gemahlenes Zitronengras
2 TL Salz
1 EL Rohrzucker
2 EL Oyster Sauce (Austernsauce)

1 EL Speiseöl, z. B. Erdnussöl
180 g Zwiebeln
2 Knoblauchzehen
2 EL Sojasauce
400 ml Rindfleischbrühe

300 g Möhren
300 g Pastinaken
1 Stange Porree (Lauch)
200 g Mungobohnensprossen

1–2 EL Crème fraîche

Zubereitungszeit: **45 Minuten**
Marinierzeit: **24 Stunden**
Garzeit: **etwa 4 Stunden**

1_ Zum Vorbereiten das Rindfleisch mit Küchenpapier trocken tupfen und in eine Schale legen. Für die Marinade Ingwer schälen und fein würfeln, mit Erdnussöl, Sesamöl, Currypulver, Zitronengras, Salz, Rohrzucker und Oyster Sauce verrühren.

2_ Das Rindfleisch mit der Marinade einstreichen. Das Fleisch zugedeckt etwa 24 Stunden im Kühlschrank marinieren. Das Fleisch 2–3-mal wenden.

3_ Den Backofen bei Ober-/Unterhitze auf 95 °C vorheizen. Das Rindfleisch aus der Marinade nehmen, die Marinade abstreifen und beiseitestellen.

4_ Öl in einem Bräter erhitzen. Das Fleisch darin etwa 10 Minuten von allen Seiten gut anbraten.

5_ Zwiebeln und Knoblauch abziehen und in feine Würfel schneiden. Zwiebel- und Knoblauchwürfel in den Bräter geben und mit anbraten. Beiseite gestellte Marinade, Sojasauce und Rindfleischbrühe hinzugießen und kurz aufkochen lassen.

6_ Den Bräter auf dem Rost in den vorgeheizten Backofen (unteres Drittel) schieben und den Braten etwa 4 Stunden garen, dabei 2–3-mal wenden.

7_ Etwa 1 Stunde vor dem Ende der Garzeit Möhren und Pastinaken putzen, schälen, abspülen, abtropfen lassen und in etwa ½ cm dicke Scheiben schneiden. Möhren- und Pastinakenscheiben mit in den Bräter geben und den Braten zu Ende garen.

8_ Porree putzen, die Stange längs halbieren, gründlich waschen, abtropfen lassen und in etwa 1 cm breite Stücke schneiden. Mungobohnensprossen auf ein Sieb geben, abspülen und abtropfen lassen.

9_ Den Rinderbraten aus dem Bräter nehmen und warm stellen. Porreestücke in die Sauce geben. Die Sauce kurz aufkochen lassen, Crème fraîche einrühren und evtl. nochmals mit Salz abschmecken. Mungobohnensprossen unterrühren und kurz mit erwärmen. Den Braten in Scheiben schneiden und mit der Sauce servieren.

Pro Portion: E: 45 g, F: 14 g, Kh: 9 g, kJ: 1459, kcal: 349

Beilage: Basmatireis.

Gefüllter Rollbraten

4 Portionen – Für Gäste

1 große, doppelte Rinderroulade
(etwa 30 x 25 cm), vom
Metzger zuschneiden lassen

1 Zwiebel

200 g Rindergehacktes

1 Ei (Größe M)

2 EL Semmelbrösel

Salz

frisch gemahlener Pfeffer

1 gestr. TL Paprikapulver edelsüß

¼ TL Chilipulver

2 rote Paprikaschoten

4 EL Speiseöl, z. B. Rapsöl

300 ml Fleischbrühe

1 Dose passierte Tomaten (400 g)

3 mittelgroße Kohlrabi

50 g Butter

2 EL Wasser

½ TL Salz

Außerdem:

Küchengarn

Zubereitungszeit: **30 Minuten**
Garzeit: **etwa 6 Stunden**

1_ Den Backofen bei Ober-/Unterhitze auf 80 °C vorheizen. Rinderroulade mit Küchenpapier trocken tupfen, evtl. vorhandenes Fett und Sehnen abschneiden.

2_ Zwiebel abziehen, halbieren und fein würfeln. Gehacktes mit Zwiebelwürfeln, Ei und Semmelbröseln vermengen, mit Salz, Pfeffer, Paprika- und Chilipulver würzen.

3_ Paprikaschoten vierteln, entstielen, entkernen und die weißen Scheidewände entfernen. Die Schoten waschen und abtropfen lassen.

4_ Fleisch mit Salz und Pfeffer bestreuen. Gehacktes mittig darauf verteilen und mit den Paprikavierteln belegen. Das Fleisch von der längeren Seite her fest aufrollen und mit Küchengarn zusammenbinden.

5_ Speiseöl in einem großen flachen Bräter erhitzen. Die Fleischrolle darin von allen Seiten in etwa 10 Minuten gut anbraten. Brühe und passierte Tomaten unter Rühren in den Bräter gießen, kurz aufkochen lassen. Den Bräter auf dem Rost (unteres Drittel) in den vorgeheizten Backofen schieben und den Braten etwa 6 Stunden garen, dabei 2–3-mal wenden.

6_ Etwa 30 Minuten vor dem Ende der Garzeit Kohlrabi schälen, waschen, abtropfen lassen, halbieren und in Stücke schneiden. Butter in einem Topf zerlassen. Kohlrabi, Wasser und Salz hinzufügen und etwa 10 Minuten dünsten.

7_ Das Küchengarn vom Rollbraten entfernen und den Braten in Scheiben schneiden. Mit Sauce und Kohlrabigemüse servieren.

Pro Portion: E: 42 g, F: 36 g, Kh: 17 g, kJ: 2352, kcal: 561

Beilage: Petersilienkartoffeln.

Marinierte Hüftsteaks

4 Portionen – Mit Alkohol

4 Rindersteaks aus der Hüfte
(je etwa 150 g)

Für die Marinade:
2 Zwiebeln
1 Knoblauchzehe
4 EL Olivenöl
2 EL Sesamöl
¼ TL gemahlene Gewürznelken
¼ TL Chilipulver
½ TL gerebelter Rosmarin
frisch gemahlener Pfeffer

2 EL Olivenöl
120 ml Barbecue-Sauce
150 ml Gemüsebrühe
60 g Schlagsahne
Salz

1 TL gehackte Rosmarinnadeln

Zubereitungszeit: **30 Minuten**
Marinierzeit: **60 Minuten**
Garzeit: **etwa 45 Minuten**

1_ Hüftsteaks mit Küchenpapier trocken tupfen, evtl. vorhandenes Fett abschneiden. Hüftsteaks in eine flache Schale legen.

2_ Für die Marinade Zwiebeln und Knoblauch abziehen und fein würfeln. Olivenöl mit Sesamöl, Nelken, Chilipulver, Rosmarin und Pfeffer verrühren. Zwiebel- und Knoblauchwürfel unterrühren.

3_ Die Steaks mit der Marinade bestreichen und zugedeckt und kalt gestellt etwa 60 Minuten marinieren.

4_ Den Backofen bei Ober-/Unterhitze auf 80 °C vorheizen. Eine Auflaufform mit niedrigem Rand auf dem Rost (mittlere Schiene) miterwärmen.

5_ Die Hüftsteaks aus der Marinade nehmen, gut abtropfen lassen und mit Küchenpapier trocken tupfen. Marinade beiseitestellen. Olivenöl in einer Pfanne erhitzen. Steaks darin von jeder Seite etwa 4 Minuten gut anbraten.

6_ Dann die Steaks nebeneinander in die vorgewärmte Auflaufform legen. Die Form auf dem Rost in den Backofen schieben. Die Steaks etwa 45 Minuten garen.

7_ Marinade in die Pfanne mit dem Bratensatz einrühren und erwärmen. Barbecue-Sauce und Brühe einrühren, zum Kochen bringen und etwa 10 Minuten köcheln lassen. Dann Sahne unterrühren und die Sauce mit Salz und Pfeffer abschmecken.

8_ Die marinierten Hüftsteaks mit Rosmarin bestreut servieren.

Pro Portion: E: 35 g, F: 26 g, Kh: 9 g, kJ: 1740, kcal: 414

Beilage: Kartoffelpüree und gemischter Salat.

Rumpsteaks mit Quarkkartoffeln

4 Portionen – Klassisch

2 doppelte Rumpsteaks
  (je etwa 400 g)
Salz
frisch gemahlener Pfeffer
4 EL Olivenöl

4 Ofen- oder Backkartoffeln
  (aus dem Kühlregal)

250 g Speisequark
2 EL Milch
3 EL gemischte gehackte Kräuter,
  z. B. Petersilie, Schnittlauch,
  Kerbel, Dill

Zubereitungszeit: **20 Minuten**
Garzeit: **etwa 45 Minuten**

1_ Den Backofen bei Ober-/Unterhitze auf 80 °C vorheizen. Einen feuer-
festen Teller oder eine Auflaufform mit niedrigem Rand auf dem Rost
(mittlere Schiene) miterwärmen.

2_ Die Rumpsteaks mit Küchenpapier trocken tupfen, evtl. entsehnen
und das Fett abschneiden. Steaks mit Salz und Pfeffer würzen.

3_ Öl in einer Pfanne erhitzen und die Rumpsteaks von allen Seiten in
10 Minuten gut anbraten. Dann die Rumpsteaks nebeneinander auf
dem vorgewärmten Teller oder in der Auflaufform auf dem Rost in den
vorgeheizten Backofen schieben und etwa 45 Minuten garen.

4_ Die Ofen- oder Backkartoffeln mit auf den Teller oder in die Auflaufform
legen und miterwärmen oder nach Packungsanleitung in der Mikro-
welle zubereiten.

5_ Quark mit Milch und Kräutern verrühren, mit Salz und Pfeffer abschmecken. Kartoffeln kreuzweise einschneiden, etwas aufdrücken
und mit dem Quark füllen.

6_ Rumpsteaks in dicke Scheiben schneiden und mit den Quarkkartoffeln
servieren.

Pro Portion: E: 57 g, F: 15 g, Kh: 30 g, kJ: 2077, kcal: 496

Tipp: Durch unterschiedliche Anbratzeiten können Sie den Gargrad
der Rumpsteaks variieren.
Bei einer Anbratzeit von etwa 8 Minuten sind die Rumpsteaks „rare"
(innen noch blutig), bei einer Anbratzeit von 10 Minuten sind sie
„medium" (rosa) und bei einer Anbratzeit von 12 Minuten „well-done"
(durchgebraten).
Statt Ofen- oder Backkartoffeln aus dem Kühlregal können Sie auch
vier Kartoffeln (je etwa 200 g) selbst vorkochen. Dazu die Kartoffeln
gründlich waschen, mit Wasser bedeckt zum Kochen bringen und
20–25 Minuten kochen lassen.

Geschnetzeltes vom Rumpsteak

4 Portionen – Schnell

2 Zwiebeln

1 Knoblauchzehe

500 g Austernpilze

250 g Mini-Roma-Tomaten oder
 Cocktailtomaten

4 Rumpsteaks (je etwa 150 g)

Salz

frisch gemahlener Pfeffer

6 EL Olivenöl

einige Salatblätter, z. B. Lollo
 Bionda

3 Stängel glatte Petersilie

Zubereitungszeit: **30 Minuten**

Garzeit: **15 Minuten**

1_ Den Backofen bei Ober-/Unterhitze auf 80 °C vorheizen. Einen feuerfesten Teller oder eine Auflaufform mit niedrigem Rand auf dem Rost (mittlere Schiene) miterwärmen.

2_ Zwiebeln und Knoblauch abziehen, halbieren und fein würfeln. Austernpilze putzen, evtl. mit Küchenpapier abreiben und große Pilze etwas kleiner schneiden. Tomaten waschen und abtropfen lassen.

3_ Rumpsteaks mit Küchenpapier trocken tupfen, evtl. entsehnen und das Fett abschneiden. Fleisch in fingerdicke etwa 3 cm lange Streifen schneiden, mit Salz und Pfeffer würzen.

4_ Etwa 3 Esslöffel von dem Olivenöl in einer Pfanne erhitzen. Die Fleischstreifen darin etwa 4 Minuten unter Rühren gut anbraten, dann auf dem vorgewärmten Teller oder in der Auflaufform in den vorgeheizten Backofen schieben und etwa 15 Minuten garen.

5_ Restliches Olivenöl in der Pfanne erhitzen und die Austernpilze darin anbraten, dann etwa 6 Minuten schmoren lassen. Zwiebel- und Knoblauchwürfel unterrühren. Tomaten kurz miterwärmen.

6_ Salatblätter abspülen und gut abtropfen lassen. Petersilie abspülen, trocken tupfen und die Blättchen von den Stängeln zupfen. Blättchen fein schneiden. Die Fleischstreifen mit Pilzgemüse vermengen, mit den Salatblättern auf Tellern anrichten und mit Petersilie bestreuen.

Pro Portion: E: 39 g, F: 22 g, Kh: 4 g, kJ: 1523, kcal: 363

Beilage: Reis.

Medaillons mit Speck

4 Portionen – Raffiniert

4 Medaillons vom Rinderfilet
  (je etwa 120 g)
Salz
frisch gemahlener Pfeffer
4 Scheiben Bacon
  (Frühstücksspeck)
3 EL Speiseöl, z. B. Rapsöl
1 große Tomate
125 g Mozzarella

etwa 3 Stängel Basilikum

Außerdem:
Küchengarn

Zubereitungszeit: **15 Minuten**
Garzeit: **etwa 40 Minuten**

1_ Den Backofen bei Ober-/Unterhitze auf 80 °C vorheizen. Einen feuer-festen Teller oder eine Auflaufform mit niedrigem Rand auf dem Rost (mittlere Schiene) miterwärmen.

2_ Medaillons mit Küchenpapier trocken tupfen und evtl. vorhandenes Fett und Sehnen abschneiden. Medaillons mit Salz und Pfeffer würzen.

3_ Jedes Medaillon mit einer Scheibe Frühstücksspeck umwickeln, diese mit Küchengarn festbinden.

4_ Speiseöl in einer Pfanne erhitzen. Die Medaillons darin etwa 3 Minuten von jeder Seite gut anbraten. Dann die Medaillons nebeneinander auf dem vorgewärmten Teller oder in der Auflaufform auf dem Rost in den vorgeheizten Backofen schieben. Die Medaillons etwa 15 Minuten garen.

5_ In der Zwischenzeit Tomate waschen, abtrocknen und den Stängel-ansatz herausschneiden. Tomate in 4 Scheiben schneiden. Mozzarella abtropfen lassen und ebenfalls in 4 Scheiben schneiden.

6_ Jedes Medaillon mit einer Tomaten- und Mozzarellascheibe belegen. Die Medaillons zurück in den Backofen schieben und weitere etwa 25 Minuten garen.

7_ Basilikum abspülen, trocken tupfen und die Blättchen von den Stängeln zupfen. Medaillons mit Basilikumblättchen garniert und mit Pfeffer bestreut servieren.

Pro Portion: E: 33 g, F: 13 g, Kh: 1 g, kJ: 1071, kcal: 255

Beilage: Baguette und Tomatensalat.

Rinderbeinscheiben in Wermut

4 Portionen – Mit Alkohol

4 Rinderbeinscheiben
 (etwa 800 g), ohne Knochen
Salz
frisch gemahlener Pfeffer
4 EL Speiseöl, z. B. Rapsöl
250 ml (¼ l) trockener Wermut,
 z. B. Noilly Prat
2 Lorbeerblätter
250 g Schalotten

2 große Kohlrabi
Wasser
1 gestr. TL Salz

Zubereitungszeit: **20 Minuten**
Garzeit: **etwa 5 ½ Stunden**

1_ Den Backofen bei Ober-/Unterhitze auf 80 °C vorheizen. Beinscheiben mit Küchenpapier trocken tupfen und Fett und Sehnen abschneiden. Beinscheiben mit Salz und Pfeffer bestreuen.

2_ Speiseöl in einem großen flachen Bräter erhitzen. Die Beinscheiben darin von allen Seiten in etwa 10 Minuten gut anbraten. Wermut hinzugießen, Lorbeerblätter hinzufügen und kurz aufkochen lassen.

3_ Den Bräter auf dem Rost (unteres Drittel) in den vorgeheizten Backofen schieben. Die Beinscheiben etwa 5 ½ Stunden garen, Beinscheiben dabei 2–3-mal wenden.

4_ Etwa 3 Stunden vor dem Ende der Garzeit Schalotten abziehen und mit in den Bräter geben. Den Bräter zurück in den Backofen schieben und die Beinscheiben zu Ende garen.

5_ Etwa 30 Minuten vor dem Ende der Garzeit Kohlrabi schälen, waschen, abtropfen lassen und in 1 cm dicke Scheiben schneiden. Wasser mit Salz in einem Topf zum Kochen bringen und die Kohlrabischeiben darin etwa 5 Minuten kochen.

6_ Kohlrabi auf einem Sieb abtropfen lassen. Lorbeerblätter aus der Sauce entfernen. Rinderbeinscheiben mit Kohlrabi und Schalottensauce servieren.

Pro Portion: E: 45 g, F: 31 g, Kh: 12 g, kJ: 2328, kcal: 556

Beilage: Gnocchi.

Rinderspeckbraten mit Polenta

6 Portionen – Raffiniert

120 g fetter geräucherter Speck,
  in der Länge des Fleischstückes
1 Zwiebel
1,2 kg Rindfleisch aus der Keule
Salz
frisch gemahlener Pfeffer
4 EL Olivenöl

300 ml Fleischbrühe
1 EL Tomatenmark
1 EL mittelscharfer Senf

500 ml (½ l) Fleischbrühe
150 g Hartweizengrieß
2 Eigelb (Größe M)
30 g Butter

Zubereitungszeit: **30 Minuten,
ohne Gefrierzeit**
Garzeit: **etwa 6 Stunden**

1_ Den Speck in 5 etwa fingerdicke, lange Streifen schneiden. Speckstreifen in ein Gefrierfach legen, bis diese erstarrt sind. Dann den
Backofen bei Ober-/Unterhitze auf 80 °C vorheizen. Zwiebel abziehen,
halbieren und fein würfeln.

2_ Fleisch mit Küchenpapier trocken tupfen, evtl. Fett und Sehnen entfernen. Mit einem langen spitzen Messer das Fleisch der Länge nach
5-mal durchstechen und mit einem Holzlöffelstiel nachbohren.

3_ Das Fleisch mit den Speckstreifen spicken und mit Salz und Pfeffer
bestreuen. Olivenöl in einem Bräter mit flachem Rand erhitzen und
das gespickte Fleisch darin in etwa 10 Minuten von allen Seiten gut
anbraten.

4_ Zwiebelwürfel hinzufügen und kurz mitbraten. Den Bräter auf dem Rost
(unteres Drittel) in den vorgeheizten Backofen schieben und das Fleisch
etwa 6 Stunden garen.

5_ Nach etwa 2 Stunden Garzeit Brühe erwärmen, mit Tomatenmark und
Senf unter Rühren in den Bräter geben. Den Bräter wieder zurück in den
Backofen schieben.

6_ Etwa 1 Stunde vor dem Ende der Garzeit Fleischbrühe in einem Topf zum
Kochen bringen. Grieß unter Rühren hinzufügen und das Ganze unter
Rühren etwa 5 Minuten kochen lassen. Dann die Grießmasse von der
Kochstelle nehmen und die Eigelbe unterrühren.

7_ Ein Stück Frischhaltefolie auf die Arbeitsfläche legen und die Grießmasse etwa 1 cm dick aufstreichen. Grießmasse erstarren lassen und
dann in Stücke schneiden.

8_ Butter in einer Pfanne zerlassen. Polentastücke darin von beiden Seiten
goldgelb braten. Speckbraten in Stücke schneiden, mit Sauce und
Polenta servieren.

Pro Portion: E: 45 g, F: 46 g, Kh: 19 g, kJ: 2800, kcal: 669

Filetsteaks mit Tomaten-Bohnen-Gemüse

4 Portionen – Einfach

4 Rinderfiletsteaks
  (je etwa 150 g)
Salz
frisch gemahlener grober Pfeffer
2 EL Olivenöl

500 g grüne Bohnen
Wasser
½ TL Salz
4 Tomaten
1 Zwiebel
2 EL Olivenöl
½ TL gerebeltes Bohnenkraut

4 Scheiben Vollkorntoast

Zubereitungszeit: **20 Minuten**
Garzeit: **etwa 20 Minuten**

1_ Den Backofen bei Ober-/Unterhitze auf 80 °C vorheizen. Einen feuerfesten Teller oder eine Auflaufform mit niedrigem Rand auf dem Rost (mittlere Schiene) miterwärmen.

2_ Filetsteaks mit Küchenpapier trocken tupfen, mit Salz und Pfeffer würzen.

3_ Olivenöl in einer Pfanne erhitzen. Die Filetsteaks darin etwa 2 Minuten von jeder Seite gut anbraten. Dann die Filetsteaks auf dem vorgewärmten Teller oder in der Auflaufform in den vorgeheizten Backofen schieben und etwa 20 Minuten garen. Pfanne mit dem Bratensatz beiseitestellen.

4_ Von den Bohnen die Enden abschneiden, die Bohnen evtl. abfädeln, waschen, abtropfen lassen und in große Stücke schneiden. Wasser mit Salz in einem Topf zum Kochen bringen und die Bohnenstücke darin 7–10 Minuten garen.

5_ Tomaten waschen, abtrocknen, halbieren und die Stängelansätze herausschneiden. Tomaten in Stücke schneiden. Zwiebel abziehen, halbieren und in kleine Würfel schneiden. Bohnen auf ein Sieb abgießen und abtropfen lassen.

6_ Olivenöl in der beiseite gestellten Pfanne erhitzen. Zwiebelwürfel darin anbraten. Bohnenstücke hinzufügen, kurz unter gelegentlichem Rühren mitbraten. Tomatenstücke hinzufügen und kurz miterwärmen. Tomaten-Bohnen-Gemüse mit Bohnenkraut, Salz und Pfeffer abschmecken.

7_ Toastscheiben toasten, diagonal halbieren und mit den Filetsteaks und dem Gemüse servieren.

Pro Portion: E: 38 g, F: 18 g, Kh: 22 g, kJ: 1699, kcal: 404

Doppeltes Rinderfilet mit Maiskolben

4 Portionen – Für Gäste

2 doppelte Rinderfilets
 (je etwa 400 g)
Salz
frisch gemahlener Pfeffer
4 EL Olivenöl

4 frische Maiskolben
Wasser
1 TL Salz

100 g Cocktailtomaten
60 g Butter

einige Stängel Basilikum

Zubereitungszeit: **20 Minuten**
Garzeit: **etwa 45 Minuten**

1_ Den Backofen bei Ober-/Unterhitze auf 80 °C vorheizen. Einen feuerfesten Teller oder eine Auflaufform mit niedrigem Rand auf dem Rost (mittlere Schiene) miterwärmen.

2_ Die Rinderfilets mit Küchenpapier trocken tupfen, mit Salz und Pfeffer würzen.

3_ Olivenöl in einer Pfanne erhitzen. Die Rinderfilets darin in etwa 10 Minuten von allen Seiten gut anbraten. Dann die Filets nebeneinander auf dem vorgewärmten Teller oder in der Auflaufform auf dem Rost in den vorgeheizten Backofen schieben und etwa 45 Minuten garen.

4_ Maiskolben putzen, die Enden abschneiden und die Fäden entfernen. Wasser mit Salz in einem großen Topf zum Kochen bringen und die Maiskolben darin etwa 12 Minuten kochen. Dann die Maiskolben auf einem Sieb abtropfen lassen.

5_ Tomaten waschen und abtropfen lassen. Butter in einer großen Pfanne zerlassen. Maiskolben und Tomaten darin kurz erwärmen, evtl. mit Salz würzen.

6_ Basilikum abspülen, trocken tupfen und die Blättchen von den Stängeln zupfen. Etwa die Hälfte der Blättchen fein schneiden. Das Rinderfilet in Scheiben schneiden, mit den Maiskolben und Basilikum garniert servieren.

Pro Portion: E: 45 g, F: 24 g, Kh: 12 g, kJ: 1875, kcal: 447

Beilage: Kleine gebratene Kartoffeln.

Steaks in gepfefferter Weinbrandsauce

4 Portionen – Mit Alkohol

4 Rinderfiletsteaks
  (je etwa 180 g)
Salz
frisch gemahlener Pfeffer
4 EL Olivenöl

400 g Zuckerschoten
Wasser
1 gestr. TL Salz

3 Schalotten
70 ml Weinbrand
1 Becher (150 g) Crème fraîche
4 TL eingelegte grüne
  Pfefferkörner

etwa 15 g Butter

Zubereitungszeit: **25 Minuten**
Garzeit: **etwa 30 Minuten**

1_ Den Backofen bei Ober-/Unterhitze auf 80 °C vorheizen. Einen feuerfesten Teller oder eine Auflaufform mit niedrigem Rand auf dem Rost (mittlere Schiene) miterwärmen.

2_ Die Filetsteaks mit Küchenpapier trocken tupfen, evtl. vorhandenes Fett und Sehnen abschneiden. Filetsteaks mit Salz und Pfeffer würzen.

3_ Olivenöl in einer Pfanne erhitzen. Die Filetsteaks darin etwa 3 Minuten von jeder Seite gut anbraten. Dann die Filetsteaks nebeneinander auf dem vorgewärmten Teller oder in der Auflaufform auf dem Rost in den vorgeheizten Backofen schieben und etwa 30 Minuten garen. Pfanne mit dem Bratensatz beiseitestellen.

4_ Zuckerschoten putzen, evtl. abfädeln, waschen, abspülen und abtropfen lassen. Wasser mit Salz in einem Topf zum Kochen bringen und die Zuckerschoten darin etwa 2 Minuten garen. Zuckerschoten auf einem Sieb abtropfen lassen und warm stellen.

5_ Schalotten abziehen und fein würfeln. Beiseite gestellte Pfanne erwärmen. Die Schalottenwürfel darin anbraten. Weinbrand und Crème fraîche unterrühren, kurz miterwärmen. Sauce mit Salz und Pfefferkörnern würzen.

6_ Butter in einer Pfanne zerlassen und unter die Zuckerschoten rühren. Zuckerschoten evtl. mit Salz abschmecken. Die Steaks mit der gepfefferten Weinbrandsauce und den Zuckerschoten servieren.

Pro Portion: E: 43 g, F: 32 g, Kh: 12 g, kJ: 2299, kcal: 549

Beilage: Kartoffelpüree.

Roastbeef-Röllchen mit Kartoffelecken

4 Portionen – Mit Alkohol

8 dünne Scheiben Roastbeef
 (je etwa 60 g)
1 kleine rote Paprikaschote
1 Bund Frühlingszwiebeln
80 g mittelalter Gouda-Käse
 am Stück
Salz
frisch gemahlener Pfeffer
3 EL Olivenöl
40 ml Weinbrand

450 g TK-Kartoffelecken

Außerdem:
Holzstäbchen

Zubereitungszeit: **20 Minuten**
Garzeit: **etwa 30 Minuten**

1_ Den Backofen bei Ober-/Unterhitze auf 80 °C vorheizen. Eine Auflaufform mit niedrigem Rand auf dem Rost (mittlere Schiene) miterwärmen.

2_ Fleischscheiben mit Küchenpapier trocken tupfen und den Fettrand abschneiden. Scheiben nebeneinander auf die Arbeitsfläche legen.

3_ Paprikaschote halbieren, entstielen, entkernen und die weißen Scheidewände entfernen. Schote waschen, abtropfen lassen und in Streifen schneiden. Frühlingszwiebeln putzen, abspülen und in etwa 3 cm lange Stücke schneiden.

4_ Den Käse in 8 fingerdicke, etwa 3 cm lange Stücke schneiden. Fleischscheiben mit Salz und Pfeffer bestreuen und jeweils mit 1–2 Paprikastreifen, 1–2 Frühlingszwiebelstücken und 1 Käsestück belegen. Fleischscheiben von der schmalen Seite her fest aufrollen und mit Holzstäbchen feststecken.

5_ Olivenöl in einer Pfanne erhitzen. Die Roastbeef-Röllchen darin in etwa 5 Minuten von allen Seiten gut anbraten. Dann die Röllchen in die vorgewärmte Auflaufform legen und auf dem Rost in den vorgeheizten Backofen schieben. Den Weinbrand unter Rühren in die Pfanne mit dem Bratensatz geben und zu den Röllchen in die Auflaufform geben. Die Röllchen etwa 30 Minuten garen.

6_ Kartoffelecken nach Packungsanleitung in einer Pfanne zubereiten und mit den Roastbeef-Röllchen servieren.

Pro Portion: E: 33 g, F: 32 g, Kh: 30 g, kJ: 2373, kcal: 566

Tipp: 1 Esslöffel Olivenöl in einer Pfanne erhitzen. Die restlichen Frühlingszwiebelstücke und evtl. Paprikastreifen darin unter Rühren anbraten, mit Salz und Pfeffer abschmecken und dazuservieren. Nach Belieben die Röllchen mit gehackten Rosmarinnadeln bestreuen.

Kalbsrücken mit Pfifferlingen

6–8 Portionen – Etwas aufwändiger

3 Brötchen (Semmeln)
vom Vortag (etwa 180 g)
200 ml Kokosmilch
2 Eier (Größe M)
80 g Parmaschinkenstreifen
je 1 EL gehackte Petersilien-,
Basilikum- und Minze-
blättchen
1 kleine, gewürfelte Chilischote
Salz, frisch gemahlener Pfeffer

1,6 kg Kalbsrücken, ohne
Knochen
3 EL Speiseöl, z. B. Olivenöl
1 EL Sesamöl
200 ml Kalbsfond

1,25 kg Pfifferlinge
2 Zwiebeln
2 Knoblauchzehen
2 Stangen Zitronengras
3 EL Speiseöl, z. B Olivenöl
1 EL Sesamöl
1 kleine, fein gewürfelte
Chilischote
100 g gewürfelter
Parmaschinken
200 ml Kokosmilch

200 ml Kalbsfond
100 ml Sweet Chickensauce
1 EL Speisestärke

Außerdem:
Küchengarn

Zubereitungszeit: **60 Minuten**
Garzeit: **etwa 3 ½ Stunden**

1_ Den Backofen bei Ober-/Unterhitze auf 95 °C vorheizen.

2_ Die Brötchen in dünne Scheiben schneiden und in eine Schüssel geben. Kokosmilch, Eier, Schinkenstreifen, Kräuter und Chili verrühren. Die Mischung mit den Brötchenscheiben gut vermengen und mit Salz und Pfeffer abschmecken.

3_ Kalbsrücken trocken tupfen und waagerecht mit einem Messer etwa zwei Drittel tief einschneiden, sodass eine Tasche entsteht (evtl. bereits vom Metzger einschneiden lassen). Die Tasche aufklappen, mit Salz und Pfeffer würzen und die Brötchenmasse daraufgeben. Das Fleisch aufrollen und mit Küchengarn verschnüren.

4_ Speise- und Sesamöl in einem großen Bräter erhitzen. Die Kalbfleisch-rolle von außen mit Salz und Pfeffer würzen, etwa 10 Minuten von allen Seiten anbraten. Kalbfond hinzugießen und kurz aufkochen lassen. Den Bräter auf dem Rost in den vorgeheizten Backofen (unteres Drittel) schieben und den Kalbsrücken etwa 3 ½ Stunden garen.

5_ Etwa 40 Minuten vor Ende der Garzeit Pfifferlinge putzen, mit Küchen-papier abreiben, evtl. kurz abspülen und auf Küchenpapier gut abtrop-fen lassen. Zwiebeln und Knoblauch abziehen und in kleine Würfel schneiden. Zitronengras von der äußeren Schale befreien. Stangen abspülen und abtropfen lassen, evtl. halbieren.

6_ Speise- und Sesamöl in einer Pfanne erhitzen. Zwiebel- und Knoblauch-würfel darin anbraten. Pfifferlinge, Chilischotenwürfel und Zitronengras hinzufügen, unter gelegentlichem Rühren etwa 5 Minuten mitbraten. Schinkenwürfel und Kokosmilch unterrühren. Das Ganze zum Kochen bringen und bei schwacher Hitze etwa 5 Minuten köcheln lassen.

7_ Das Kalbfleisch aus dem Bräter nehmen und warm stellen. Kalbfond und Chickensauce zum Bratensaft geben, unterrühren und zum Kochen bringen. Speisestärke mit etwas kaltem Wasser anrühren und in die Sauce rühren, unter Rühren kurz aufkochen lassen. Die Sauce mit Salz und Pfeffer abschmecken.

8_ Küchengarn vom Kalbfleisch entfernen. Kalbfleisch in Scheiben schnei-den. Zitronengras aus dem Pfifferlingsgemüse nehmen. Die Fleisch-scheiben auf den Pfifferlingen anrichten und mit der Sauce angießen. Dazu die restliche Sauce reichen.

Pro Portion: E: 59 g, F: 31 g, Kh: 21 g, kJ: 2530, kcal: 605

Beilage: Sellerie-Ingwer-Salat mit Korianderstreifen und Basmatireis.

Kalbshaxe mit Laugenbrezelklößen

6 Portionen – Dauert länger

1 Kalbshaxe
 (etwa 2,5 kg, mit Knochen)

100 g Zwiebeln
250 g Möhren
200 g Knollensellerie
250 g Petersilienwurzeln
1 Stange Porree (Lauch)

4 EL Speiseöl, z. B. Rapsöl
Salz
frisch gemahlener Pfeffer
1 EL Tomatenmark
700 ml Fleischbrühe
1 TL gerebelter Thymian
1 TL gerebelter Salbei

500 g Laugenbrezeln
60 g Schalotten
1 Bund glatte Petersilie
60 g Butter
80 g Katenschinkenwürfel
250 ml (¼ l) Milch
4 Eier (Größe M)
etwas frisch geriebene
 Muskatnuss

Salzwasser
1 EL Speisestärke

Zubereitungszeit: **50 Minuten**
Garzeit: **etwa 5 ½ Stunden**

1_ Den Backofen bei Ober-/Unterhitze auf 95 °C vorheizen. Die Kalbshaxe mit Küchenpapier trocken tupfen. Fett und Sehnen entfernen.

2_ Zwiebeln abziehen und würfeln. Möhren, Sellerie und Petersilienwurzeln putzen, schälen, abspülen, abtropfen lassen, in etwa 1 cm große Würfel schneiden. Porree putzen, die Stange längs halbieren, gründlich waschen, abtropfen lassen und in etwa 1 cm große Stücke schneiden.

3_ Das Öl in einem Bräter erhitzen. Die Kalbshaxe mit Salz und Pfeffer würzen und darin rundum etwa 10 Minuten anbraten. Zwiebelwürfel hinzufügen und kurz mit anbraten. Nach und nach Möhren-, Sellerie- und Petersilienwurzelwürfel hinzugeben und kurz anbraten. Tomatenmark unterrühren. Brühe hinzugießen und kurz aufkochen lassen.

4_ Den Bräter auf dem Rost in den vorgeheizten Backofen (unteres Drittel) schieben und die Kalbshaxe etwa 5 ½ Stunden garen, dabei die Haxe 2–3-mal wenden. Nach etwa 3 Stunden Garzeit Thymian, Salbei und Porree unterrühren und die Haxe zu Ende garen.

5_ Etwa 1 Stunde vor dem Ende der Garzeit für die Klöße die Laugenbrezeln in Scheiben schneiden und in eine Schüssel geben. Schalotten abziehen und in feine Würfel schneiden. Petersilie abspülen, trocken tupfen und die Blättchen von den Stängeln zupfen, fein hacken.

6_ Butter in einem Topf zerlassen. Die Schinken- und Schalottenwürfel darin anbraten, Milch hinzugießen und unter Rühren kurz aufkochen lassen. Den Topf von der Kochstelle nehmen und die Flüssigkeit etwas abkühlen lassen. Dann die Eier unterrühren und die Mischung zu den Laugenbrezeln geben. Petersilie hinzufügen und die Masse gut vermengen. Die Kloßmasse mit Muskatnuss abschmecken und mit angefeuchteten Händen einen kleinen Probekloß formen.

7_ In einem großen Topf Salzwasser zum Kochen bringen. Den Probekloß hineingeben und etwas ziehen lassen. Wenn der Probekloß nicht auseinanderfällt, aus der Masse 12 Klöße formen. Die Klöße in das kochende Salzwasser geben, bei schwacher Hitze in etwa 15 Minuten gar ziehen lassen. Sollte der Probekloß auseinanderfallen, noch 1 Esslöffel Weizenmehl unter die Masse kneten.

8_ Kalbshaxe aus dem Bräter nehmen und warm stellen. Speisestärke mit Wasser anrühren und in die Sauce einrühren, kurz aufkochen lassen, mit Salz und Pfeffer abschmecken. Klöße mit einer Schaumkelle aus dem Topf nehmen. Das Fleisch vom Knochen lösen und in Scheiben schneiden, mit der Sauce und den Klößen servieren.

Pro Portion: E: 74 g, F: 34 g, Kh: 58 g, kJ: 3545, kcal: 846

Kalbshaxe auf italienische Art

6 Portionen – Mit Alkohol

1 Kalbshaxe, ohne Knochen
 (etwa 2,3 kg)
6 Tomaten
4 Zwiebeln
2 Knoblauchzehen
4 EL Olivenöl
Salz
frisch gemahlener Pfeffer
1 TL gerebelter Rosmarin
2 TL gerebelter Thymian
½ TL gerebeltes Basilikum
125 ml (⅛ l) trockener Weißwein
200 ml Kalbsfond

Für die Sauce:
1–2 EL Weizenmehl
3–4 EL kaltes Wasser
4 EL Schlagsahne
1 Prise Zucker

Zubereitungszeit: **40 Minuten**
Garzeit: **etwa 4 Stunden**

1_ Den Backofen bei Ober-/Unterhitze auf 95 °C vorheizen. Kalbshaxe mit Küchenpapier trocken tupfen, Fett und Sehnen entfernen.

2_ Tomaten abspülen, abtrocknen, vierteln und die Stängelansätze herausschneiden. Zwiebeln und Knoblauch abziehen und vierteln.

3_ Das Olivenöl in einem großen Bräter erhitzen. Die Kalbshaxe mit Salz, Pfeffer, Rosmarin und Thymian würzen und die Kalbshaxe im Bräter etwa 10 Minuten rundherum anbraten.

4_ Tomaten-, Zwiebel- und Knoblauchstücke um die Haxe legen, mit Salz, Pfeffer und Basilikum bestreuen. Weißwein und Kalbsfond hinzugießen, kurz aufkochen lassen.

5_ Den Bräter auf dem Rost in den vorgeheizten Backofen (unteres Drittel) schieben und die Kalbshaxe etwa 4 Stunden garen, dabei 2–3-mal wenden.

6_ Die gare Haxe aus dem Bräter nehmen, in Scheiben schneiden, auf einer vorgewärmten Platte anrichten und warm stellen.

7_ Für die Sauce den Bratensud durch ein Sieb in einen Topf gießen. Gemüse warm stellen. Sauce kurz aufkochen lassen. Mehl mit Wasser anrühren und in die Sauce einrühren. Sauce zum Kochen bringen und unter gelegentlichem Rühren etwa 5 Minuten köcheln lassen. Sahne unterrühren.

8_ Die Sauce mit Salz, Pfeffer, Thymian und Zucker abschmecken und die Haxe mit der Sauce und dem Gemüse servieren.

Pro Portion: E: 81 g, F: 26 g, Kh: 8 g, kJ: 2561, kcal: 613

Beilage: Kartoffelpüree.

Tipp: Verwenden Sie statt gerebelter Kräuter frische Kräuter. Garnieren Sie die Kalbshaxe zum Servieren mit frischen Kräuterstängeln.

Kalbsroulade mit Schinken-Parmesan-Füllung

6 Portionen – Etwas teurer

1,5 kg Kalbfleisch aus der
  Oberschale

1 Glas Pesto Calabrese
  (etwa 190 g)
100 g frisch geriebener
  Parmesan-Käse
250 g gekochter Schinken,
  in Scheiben

180 g Zwiebeln
5 EL Olivenöl
Salz
frisch gemahlener Pfeffer
1 TL gerebelter Thymian
1 EL Tomatenmark
400 ml Kalbsfond

1–2 EL Crème fraîche

Außerdem:
Küchengarn

Zubereitungszeit: **40 Minuten**
Garzeit: **3 ½–4 Stunden**

1_ Den Backofen bei Ober-/Unterhitze auf 95 °C vorheizen. Das Kalbfleisch mit Küchenpapier trocken tupfen. Das Fleisch an der Längsseite im unteren Drittel waagerecht bis fast zur Kante einschneiden (nicht durchschneiden). Das Fleisch aufklappen und die dicke Seite von der Mitte aus waagerecht einschneiden (nicht durchschneiden) und aufklappen, sodass eine möglichst große, flache, rouladenartige Fläche entsteht. Fleisch evtl. noch etwas flach klopfen.

2_ Die Roulade mit Pesto bestreichen, mit Parmesan bestreuen und mit Schinken belegen. Die Roulade von der schmalen Seite her aufrollen und mit Küchengarn fest umwickeln (wie bei einem Rollbraten).

3_ Zwiebeln abziehen und in feine Würfel schneiden. Das Öl in einem Bräter erhitzen. Die Roulade mit Salz, Pfeffer und Thymian würzen und in dem Bräter etwa 10 Minuten rundherum anbraten. Zwiebelwürfel hinzufügen und mit anbraten. Tomatenmark unterrühren. Den Kalbsfond hinzugießen und kurz aufkochen lassen.

4_ Den Bräter auf dem Rost in den vorgeheizten Backofen (unteres Drittel) schieben. Die Kalbsroulade 3 ½–4 Stunden garen, die Roulade 2–3-mal wenden.

5_ Die Roulade aus dem Bräter nehmen und warm stellen. Die Sauce kurz aufkochen lassen, Crème fraîche einrühren und evtl. nochmals mit den Gewürzen abschmecken. Die Roulade in Scheiben schneiden, Küchengarn entfernen und mit der Sauce servieren.

Pro Portion: E: 70 g, F: 31 g, Kh: 10 g, kJ: 2521, kcal: 603

Beilage: Gnocchi und Brokkoli, mit gehobeltem Parmesan bestreut.

Kalbsrücken mit Kräuterkruste

8 Portionen – Etwas teurer

1,6 kg Kalbsrücken, ohne
  Knochen
Salz
frisch gemahlener Pfeffer
2 EL Butterschmalz

2 kg weißer Spargel
60 g Butter
Zucker

Für die Kräuterkruste:
1 Bund glatte Petersilie
6 Stängel Thymian
1 Bund Kerbel
1 Bund Schnittlauch
80 g weiche Butter
2 Eigelb (Größe M)
50 g Semmelbrösel
Salz
frisch gemahlener Pfeffer
frisch geriebene Muskatnuss

Zubereitungszeit: **45 Minuten**
Garzeit: **etwa 3 Stunden**

1_ Den Backofen bei Ober-/Unterhitze auf 95 °C vorheizen. Den Kalbsrücken mit Küchenpapier trocken tupfen, mit Salz und Pfeffer würzen.

2_ Butterschmalz in einem Bräter erhitzen. Den Kalbsrücken darin von
allen Seiten gut anbraten. Den Bräter auf dem Rost in den vorgeheizten
Backofen (unteres Drittel) schieben und den Kalbsrücken etwa
3 Stunden garen.

3_ Etwa 40 Minuten vor dem Ende der Garzeit Spargel von oben nach
unten schälen. Darauf achten, dass die Schalen vollständig entfernt,
die Köpfe aber nicht verletzt werden. Die unteren Enden abschneiden,
holzige Stellen vollständig entfernen. Spargel abspülen, abtropfen
lassen und schräg in Stücke schneiden.

4_ Für die Kräuterkruste die Kräuter abspülen und trocken tupfen.
Einige Kerbelstängel beiseitelegen. Restliche Kräuterblättchen von den
Stängeln zupfen und hacken. Schnittlauch in feine Röllchen schneiden.

5_ Butter in einer Rührschüssel mit Handrührgerät mit Rührbesen schau-
mig schlagen. Eigelb nach und nach unterrühren. Kräuter und Semmelbrösel hinzufügen und unterarbeiten, mit Salz, Pfeffer und Muskat
würzen.

6_ Für den Spargel die Butter in einer Pfanne zerlassen. Spargelstücke in
die Pfanne geben, mit etwas Salz und Zucker bestreuen und 5–8 Minuten bei schwacher Hitze darin braten, gelegentlich umrühren.

7_ Den Kalbsrücken aus dem Bräter nehmen und auf eine hitzebeständige
Platte legen. Die Kräutermasse auf den Kalbsrücken streichen und
auf dem Rost in den Backofen schieben. Den Kalbsrücken unter dem
vorgeheizten Backofengrill (etwa 240 °C) so lange grillen, bis die Kruste
goldbraun ist.

8_ Den Spargel in den Bräter geben, unter den Bratensatz rühren. Von den
beiseite gelegten Kerbelstängeln die Blättchen abzupfen. Den Kalbsrücken aufschneiden, auf den Spargel legen und mit Kerbelblättchen
bestreuen.

Pro Portion: E: 46 g, F: 27 g, Kh: 10 g, kJ: 1948, kcal: 466

Beilage: Schwarzbrot.

Tipp: Für die Kräuterkruste können auch andere frische Kräuter verwendet werden.

Gefüllter Kalbsrücken

8 Portionen – Raffiniert

1,8 kg Kalbsrücken, ohne
   Knochen

350 g Schweinemett
120 g Schalotten
200 g Fenchel
60 g geriebener Parmesan-Käse
1 Glas Pesto Genovese
   (etwa 90 g)

5 EL Olivenöl
Salz
frisch gemahlener Pfeffer
1 EL Tomatenmark
500 ml (½ l) Kalbsfond
1 Bio-Zitrone (unbehandelt)

1 EL Speisestärke

Außerdem:
Alufolie
Küchengarn

Zubereitungszeit: **40 Minuten**
Garzeit: **etwa 4 Stunden**

1_ Den Backofen bei Ober-/Unterhitze auf 95 °C vorheizen. Den Kalbsrücken mit Küchenpapier trocken tupfen. Den Kalbsrücken längs an der schmalen Seite mit einem Messer etwa zwei Drittel tief einschneiden, sodass eine Tasche entsteht.

2_ Das Schweinemett in eine Schüssel geben. Schalotten abziehen. Fenchel putzen, abspülen und abtropfen lassen. Etwas Fenchelgrün zum Garnieren beiseitelegen. Zwiebeln und Fenchel in feine Würfel schneiden. Etwa die Hälfte der Schalotten- und der Fenchelwürfel mit dem Parmesan-Käse zum Schweinemett geben. Knapp die Hälfte vom Pesto hinzufügen. Das Ganze gut vermengen und die eingeschnittene Tasche im Kalbsrücken damit füllen.

3_ Die Mettfüllung mit einem mehrfach gefalteten Streifen Alufolie zudecken. Den Kalbsrücken mit Küchengarn verschnüren, sodass die Füllung nicht herausfallen kann.

4_ Olivenöl in einem Bräter erhitzen. Den Kalbsrücken mit Salz und Pfeffer bestreuen und von allen Seiten darin etwa 10 Minuten anbraten. Restliche Schalotten- und Fenchelwürfel hinzufügen und kurz mit anbraten. Tomatenmark unterrühren. Kalbsfond hinzugießen. Zitrone heiß abwaschen, abtrocknen, halbieren und mit in den Bräter geben.

5_ Den Bräter auf dem Rost in den vorgeheizten Backofen (unteres Drittel) schieben und den Kalbsrücken etwa 4 Stunden garen. Nach etwa 2 Stunden Garzeit den Kalbsrücken einmal wenden und das restliche Pesto auf den Kalbsrücken streichen.

6_ Den Kalbsrücken aus dem Bräter nehmen und warm stellen. Zitrone herausnehmen. Die Speisestärke in etwas kaltem Wasser anrühren und in die Sauce einrühren. Die Sauce kurz aufkochen lassen, mit Salz und Pfeffer abschmecken. Küchengarn und Alufolie entfernen. Das Fleisch in Scheiben schneiden, mit Sauce und beiseite gelegtem Fenchelgrün garniert servieren.

Pro Portion: E: 58 g, F: 28 g, Kh: 4 g, kJ: 2088, kcal: 499

Beilage: Breite Bandnudeln (Pappardelle).

Kalbsbraten mit Petersilien-Pesto

4 Portionen – Mit Alkohol

3 Zwiebeln

800 g Kalbfleisch, aus der Keule

Salz

frisch gemahlener Pfeffer

5 EL Olivenöl

250 ml (¼ l) trockener Weißwein

150 ml Fleischbrühe

80 g Schlagsahne

Für das Pesto:

50 g Pinienkerne

2 Knoblauchzehen

1 Bund glatte Petersilie

1 Bund Schnittlauch

80 g geriebener Parmesan-Käse

100 ml Olivenöl

1 EL Weizenmehl

2 EL kaltes Wasser

Zubereitungszeit: **30 Minuten**

Garzeit: **etwa 5 Stunden**

1_ Den Backofen bei Ober-/Unterhitze auf 80 °C vorheizen. Zwiebeln abziehen, halbieren und fein würfeln.

2_ Kalbfleisch mit Küchenpapier trocken tupfen, evtl. vorhandenes Fett und Sehnen abschneiden. Fleisch mit Salz und mit Pfeffer bestreuen. Öl in einem großen flachen Bräter erhitzen und das Fleisch darin von allen Seiten in etwa 10 Minuten gut anbraten.

3_ Zwiebelwürfel hinzufügen und kurz unter Rühren anbraten. Wein, Brühe und Sahne unterrühren, kurz aufkochen lassen. Den Bräter auf dem Rost (unteres Drittel) in den vorgeheizten Backofen schieben. Fleisch etwa 5 Stunden garen.

4_ Für das Pesto die Pinienkerne in einer Pfanne ohne Fett goldbraun rösten, dann erkalten lassen. Knoblauch abziehen und fein würfeln.

5_ Petersilie und Schnittlauch abspülen und trocken tupfen. Petersilienblättchen von den Stängeln zupfen. Einige Blättchen zum Garnieren beiseitelegen. Restliche Petersilienblättchen und Schnittlauch fein hacken oder schneiden.

6_ Pinienkerne, Knoblauch, Petersilie, Schnittlauch, Parmesan und Olivenöl in einen hohen Rührbecher geben und mit einem Mixstab pürieren.

7_ Den Kalbsbraten aus dem Bräter nehmen und warm stellen. Mehl mit Wasser anrühren und in die Sauce einrühren. Sauce kurz aufkochen lassen und mit Salz und Pfeffer abschmecken.

8_ Braten in Scheiben schneiden, mit Sauce, Petersilien-Pesto und den beiseite gelegten Petersilienblättchen garniert servieren.

Pro Portion: E: 54 g, F: 61 g, Kh: 7 g, kJ: 3476, kcal: 830

Beilage: Petersilienkartoffeln.

Geschnetzeltes aus der Kalbsschulter

4 Portionen – Für Kinder

500 g magere Kalbsschulter
20 g Ingwerwurzel
1–2 TL rote Currypaste

1 Bund Frühlingszwiebeln
1 Möhre
200 g Zuckerschoten
150 g Mungosprossenkeime
6 EL Speiseöl, z. B. Rapsöl

Salz
frisch gemahlener Pfeffer
Saft von 1 Limette

Zubereitungszeit: **25 Minuten**
Garzeit: **etwa 15 Minuten**

1_ Den Backofen bei Ober-/Unterhitze auf 80 °C vorheizen. Einen feuerfesten Teller oder eine Auflaufform mit niedrigem Rand auf dem Rost (mittlere Schiene) miterwärmen.

2_ Kalbsschulter mit Küchenpapier trocken tupfen, Fett abschneiden. Fleisch in etwa 3 cm lange Streifen schneiden. Ingwer schälen und fein würfeln. Fleischstreifen mit Currypaste und Ingwer verrühren.

3_ Frühlingszwiebeln putzen, abspülen, abtropfen lassen und in 1 cm breite Ringe schneiden. Möhre putzen, schälen, abspülen und abtropfen lassen. Möhre längs halbieren und in dünne etwa 3 cm lange Streifen schneiden.

4_ Zuckerschoten putzen, evtl. abfädeln, waschen, abspülen und abtropfen lassen. Mungosprossenkeime abspülen und abtropfen lassen.

5_ Etwa 3 Esslöffel vom Speiseöl in einer Pfanne erhitzen. Die Fleischstreifen darin etwa 2 Minuten unter Rühren gut anbraten, dann auf dem vorgewärmten Teller oder in der Auflaufform auf dem Rost in den vorgeheizten Backofen schieben. Fleischstreifen etwa 15 Minuten garen.

6_ Die restlichen 3 Esslöffel Speiseöl in der Pfanne erhitzen und Frühlingszwiebelringe, Möhrenstifte und Zuckerschoten darin anbraten. Das Gemüse mit Salz und Pfeffer würzen, Sprossen unterrühren, kurz miterwärmen.

7_ Die Gemüsemischung mit Limettensaft abschmecken, mit den Fleischstreifen vermischen und servieren.

Pro Portion: E: 28 g, F: 19 g, Kh: 13 g, kJ: 1414, kcal: 338

Beilage: Basmatireis.

Kalbstafelspitz mit Schmorkohl

4 Portionen – Für Gäste

750 g Tafelspitz vom Kalb
Salz
frisch gemahlener Pfeffer
3 EL Olivenöl

600 g neue kleine Kartoffeln
200 g Rosenkohl
500 g Wirsingkohl
1 Zwiebel
100 ml Gemüsebrühe

2 EL Schnittlauchröllchen

Zubereitungszeit: **30 Minuten**
Garzeit: **etwa 5 Stunden**

1_ Den Backofen bei Ober-/Unterhitze auf 80 °C vorheizen. Einen feuerfesten Teller oder eine Auflaufform mit niedrigem Rand auf dem Rost (unteres Drittel) miterwärmen.

2_ Fleisch mit Küchenpapier trocken tupfen, mit Salz und Pfeffer würzen. Öl in einer Pfanne erhitzen. Das Fleisch darin in etwa 10 Minuten von allen Seiten gut anbraten, dann auf dem vorgewärmten Teller oder in der Auflaufform auf dem Rost in den vorgeheizten Backofen schieben. Fleisch etwa 5 Stunden garen. Pfanne mit dem Bratensatz beiseitestellen.

3_ Etwa 1 Stunde vor dem Ende der Garzeit Kartoffeln schälen, abspülen und mit Wasser bedeckt in einem Topf zum Kochen bringen. Kartoffeln etwa 10 Minuten kochen, anschließend abgießen.

4_ Rosenkohl putzen, waschen und abtropfen lassen. Wasser mit Salz in einem Topf zum Kochen bringen und den Rosenkohl darin etwa 10 Minuten kochen lassen. Rosenkohl auf ein Sieb geben und abtropfen lassen.

5_ Vom Wirsing die äußeren welken Blätter entfernen, den Wirsing evtl. vierteln und den Strunk herausschneiden. Den Wirsing in Streifen schneiden, abspülen und abtropfen lassen. Zwiebel abziehen, halbieren und fein würfeln.

6_ Beiseite gestellte Pfanne erhitzen. Zwiebelwürfel darin anbraten. Wirsingstreifen hinzufügen und unter Rühren ebenfalls kurz anbraten. Brühe hinzufügen. Kohl zugedeckt etwa 5 Minuten schmoren lassen.

7_ Rosenkohl und Kartoffeln mit in die Pfanne geben. Das Ganze zugedeckt 8–10 Minuten garen, mit Salz und Pfeffer würzen. Kalbstafelspitz in Scheiben schneiden, mit Schmorkohl und mit Schnittlauch bestreut servieren.

Pro Portion: E: 46 g, F: 11 g, Kh: 21 g, kJ: 1576, kcal: 376

Tipp: Unter das Gemüse einen Esslöffel Crème fraîche rühren.
Sie können dieses Rezept auch mit 750 g Schweinekotelett am Stück (ohne Knochen) zubereiten.

Krustenbraten in Altbiersauce

6 Portionen – Mit Alkohol

1,25 kg Schweinekrustenbraten,
z. B. aus der Keule
180 g Zwiebeln
200 g Möhren
120 g Knollensellerie

4 EL Speiseöl, z. B. Rapsöl
Salz
frisch gemahlener Pfeffer
1 TL gemahlener Kümmel

1 EL Tomatenmark
2 EL mittelscharfer Senf
200 ml Altbier
300 ml Fleischbrühe

1,2 kg Spitzkohl
60 g Butter
80 g gewürfelter Schinkenspeck

100 g Lebkuchen oder
Pumpernickel

Zubereitungszeit: **45 Minuten**
Garzeit: **etwa 5 Stunden**

1_ Den Backofen bei Ober-/Unterhitze auf 95 °C vorheizen. Das Schweine-fleisch mit Küchenpapier trocken tupfen.

2_ Zwiebeln abziehen und fein würfeln. Möhren und Sellerie putzen, schälen, abspülen, abtropfen lassen und in 1 cm große Würfel schneiden.

3_ Das Öl in einem Bräter erhitzen. Das Schweinefleisch mit Salz, Pfeffer und Kümmel würzen, in dem Bräter von allen Seiten etwa 10 Minuten anbraten. Zwiebelwürfel hinzufügen und kurz mit anbraten. Dann Sellerie- und Möhrenwürfel in den Bräter geben, unterrühren und eben-falls kurz anbraten. Tomatenmark und Senf unterrühren.

4_ Altbier und Fleischbrühe hinzugießen, unterrühren und kurz aufkochen lassen. Den Bräter auf dem Rost in den vorgeheizten Backofen (unteres Drittel) schieben und den Krustenbraten etwa 5 Stunden garen, dabei 1–2-mal wenden.

5_ Etwa 30 Minuten vor dem Ende der Garzeit den Spitzkohl putzen, die äußeren Blätter entfernen, den Kohl vierteln und den Strunk heraus-schneiden. Spitzkohl in dünne Streifen schneiden, abspülen und abtropfen lassen.

6_ Butter in einem Topf zerlassen und die Schinkenwürfel darin kurz andünsten. Die Kohlstreifen hinzufügen und unter gelegentlichem Rühren etwa 5 Minuten garen. Das Kohlgemüse mit Salz und Pfeffer abschmecken.

7_ Den Krustenbraten aus dem Bräter nehmen und auf eine hitzebe-ständige Platte legen. Diese auf dem Rost in den Backofen schieben und die Schwarte unter dem vorgeheizten Backofengrill (etwa 240 °C) 5–10 Minuten knusprig grillen.

8_ Lebkuchen oder Pumpernickel etwas zerkrümeln und in die Sauce ein-rühren. Die Sauce kurz aufkochen lassen, nochmals mit Salz und Pfeffer abschmecken. Den Krustenbraten in Scheiben schneiden, mit Sauce und Spitzkohlgemüse servieren.

Pro Portion: E: 55 g, F: 31 g, Kh: 17 g, kJ: 2415, kcal: 578

Beilage: Semmelknödel.

Schweinebraten mit Kohlrabigemüse

8 Portionen – Raffiniert

1,7 kg magere Schweineschulter
mit Schwarte (die Schwarte
vom Metzger einritzen lassen)
1 Bio-Orange (unbehandelt)
4 Wacholderbeeren
2–3 Zwiebeln
Salz
frisch gemahlener Pfeffer
5 EL Olivenöl

1 EL Tomatenmark
250 ml (¼ l) Fleischbrühe

Für das Kohlrabigemüse:
2 kg junger Kohlrabi
125 ml (⅛ l) Wasser
2 TL Salz
80 g Butter

1–2 EL Crème fraîche
frisch geriebene Muskatnuss

Zubereitungszeit: **45 Minuten**
Garzeit: **etwa 5 Stunden**

1_ Den Backofen bei Ober-/Unterhitze auf 95 °C vorheizen. Schweine-schulter mit Küchenpapier trocken tupfen.

2_ Orange heiß abwaschen, abtrocknen und die Hälfte der Schale ab-reiben. Orange halbieren, eine Hälfte auspressen. Wacholderbeeren grob zerdrücken. Zwiebeln abziehen und fein würfeln.

3_ Schweineschulter mit Salz, Pfeffer, Orangenschale und Wacholder-beeren würzen. Das Öl in einem Bräter erhitzen. Die Schweineschulter darin etwa 10 Minuten von allen Seiten anbraten. Zwiebeln zugeben und mit anbraten. Tomatenmark unterrühren. Brühe und Orangensaft hinzugießen, kurz aufkochen lassen.

4_ Den Bräter auf dem Rost in den vorgeheizten Backofen (unteres Drittel) schieben und die Schulter etwa 5 Stunden garen.

5_ Etwa 35 Minuten vor dem Ende der Garzeit für das Gemüse vom Kohlrabi die zarten Blätter abschneiden. Kohlrabiblätter abspülen und abtropfen lassen. Blätter in feine Streifen scheiden.

6_ Kohlrabi schälen, abspülen und abtropfen lassen. Kohlrabi erst in Scheiben, dann in Stifte schneiden. Wasser mit Salz und Butter in einem Topf zum Kochen bringen. Die Kohlrabistifte darin bei schwacher Hitze etwa 10 Minuten garen.

7_ Die Schweineschulter aus dem Bräter nehmen und auf eine hitzebe-ständige Platte legen. Diese auf dem Rost in den Backofen schieben und die Schweineschulter unter dem vorgeheizten Backofengrill (etwa 240 °C) 8–10 Minuten grillen, sodass die Schwarte knusprig wird.

8_ Crème fraîche unter das Kohlrabigemüse rühren und das Gemüse mit Salz und Muskatnuss abschmecken. Die geschnittenen Kohlrabiblätter unter das Kohlrabigemüse heben.

9_ Von der Orange die restliche Schale mit einem Zestenreißer abziehen. Das Fleisch in Scheiben schneiden. Das Kohlrabigemüse portionsweise anrichten, die Fleischscheiben darauflegen, mit Orangenzesten und Pfeffer bestreut servieren.

Pro Portion: E: 40 g, F: 44 g, Kh: 7 g, kJ: 2493, kcal: 596

Beilage: Rösti.

Schweinerücken mit Pumpernickelhaube

8 Portionen – Raffiniert – mit Alkohol

1,6 kg Schweinerücken, ohne
Knochen

100 g Zwiebeln

1 Möhre

100 g Knollensellerie

1 Stange Porree (Lauch)

2–3 EL Olivenöl

Salz

frisch gemahlener Pfeffer

2 EL mittelscharfer Senf

1 TL Kümmelsamen

600 ml Fleischbrühe

3 Stängel Thymian

2 Stängel Majoran

450 g TK-Blattspinat

150 g Pumpernickel

80 g Doppelrahm-Frischkäse

80 g frisch geriebener Bergkäse

1 Eigelb (Größe M)

1 TL gemahlener Koriander

8 Radieschen

Zubereitungszeit: **50 Minuten**
Garzeit: **etwa 3 Stunden**

1_ Den Backofen bei Ober-/Unterhitze auf 95 °C vorheizen. Das Schweine-
fleisch mit Küchenpapier trocken tupfen.

2_ Zwiebeln abziehen. Möhre und Sellerie putzen, schälen, abspülen
und abtropfen lassen. Das Gemüse in kleine Würfel schneiden.
Porree putzen, die Stange längs halbieren, gründlich waschen,
abtropfen lassen und in dünne Ringe schneiden.

3_ Olivenöl in einem Bräter erhitzen. Schweinerücken mit Salz und Pfeffer
würzen und in dem Bräter von allen Seiten etwa 10 Minuten anbraten.
Nach und nach Zwiebel-, Sellerie-, Möhrenwürfel und Porreeringe unter
Rühren mit anbraten. Senf und Kümmelsamen unterrühren. Brühe
hinzugießen und kurz aufkochen lassen.

4_ Kräuter abspülen und abtropfen lassen. Die Blättchen von den Stängeln
zupfen und mit in den Bräter geben.

5_ Den Bräter auf dem Rost in den vorgeheizten Backofen (unteres Drittel)
schieben und den Schweinerücken etwa 3 Stunden garen, dabei
2–3-mal wenden.

6_ Etwa 20 Minuten vor dem Ende der Garzeit den TK-Blattspinat nach
Packungsanleitung zubereiten. Pumpernickel fein zerbröseln, mit
Frisch- und Bergkäse vermengen. Eigelb und Koriander unterrühren.
Die Masse evtl. mit etwas Salz würzen.

7_ Den Schweinerücken aus dem Bräter nehmen und auf eine hitzebe-
ständige Platte legen. Die Pumpernickelmasse auf dem Schweinerücken
verteilen und leicht andrücken. Die Platte auf dem Rost in den Backofen
(mittlere Schiene) schieben und den Schweinerücken unter dem vorgeheizten Backofengrill (etwa 240 °C) 5–10 Minuten grillen.

8_ In der Zwischenzeit die Sauce zum Kochen bringen und das Gemüse
pürieren. Die Sauce mit Salz und Pfeffer abschmecken. Radieschen
putzen, abspülen, abtropfen lassen und in dünne Scheiben schneiden.
Die Radieschenscheiben erst kurz vor dem Servieren unter den Spinat
heben. Den Schweinerücken in Scheiben schneiden, mit Sauce und
Radieschenspinat servieren.

Pro Portion: E: 52 g, F: 22 g, Kh: 10 g, kJ: 1865, kcal: 445

Beilage: Bratkartoffeln oder Schwarzbrot.

Schweinebauch mit Senffrüchten

6–8 Portionen – Preiswert

1,6 kg Schweinebauch mit
Schwarte, ohne Knochen

120 g Zwiebeln
220 g Möhren
150 g Knollensellerie
1 Stange Porree (Lauch)
4 EL Speiseöl, z. B. Rapsöl
Salz
frisch gemahlener Pfeffer
50 ml Weißweinessig
400 ml Fleischbrühe
1 Glas Senffrüchte
(Abtropfgewicht 120 g)
1 EL Honig
1 EL mittelscharfer Senf

Zubereitungszeit: **40 Minuten**
Garzeit: **etwa 4 Stunden**

1_ Den Backofen bei Ober-/Unterhitze auf 95 °C vorheizen. Das Schweine-fleisch mit Küchenpapier trocken tupfen. Die Schwarte rautenförmig etwa 1 cm tief einschneiden.

2_ Zwiebeln abziehen und fein würfeln. Möhren und Sellerie putzen, schälen, abspülen, abtropfen lassen und in kleine Würfel schneiden.

3_ Porree putzen, die Stange längs halbieren, gründlich waschen und abtropfen lassen. Porree in etwa 1 cm große Stücke schneiden.

4_ Das Öl in einem Bräter erhitzen. Den Schweinebauch mit Salz und Pfeffer würzen und darin von allen Seiten etwa 10 Minuten anbraten.

5_ Zwiebelwürfel hinzufügen und kurz mit anbraten. Dann Sellerie- und Möhrenwürfel in den Bräter geben, unterrühren und ebenfalls kurz anbraten. Zum Schluss die Porreestücke unterrühren. Weißweinessig und Fleischbrühe hinzugießen. Senffrüchte abtropfen lassen, evtl. in kleine Stücke schneiden, mit Honig und Senf unterrühren, das Ganze kurz aufkochen lassen.

6_ Den Bräter auf dem Rost in den vorgeheizten Backofen (unteres Drittel) schieben und den Schweinebauch etwa 4 Stunden garen, dabei 2–3-mal wenden.

7_ Den Schweinebauch aus dem Bräter nehmen und auf eine hitzebe-ständige Platte legen. Diese auf dem Rost in den Backofen schieben und die Schwarte unter dem vorgeheizten Backofengrill (etwa 240 °C) 5–10 Minuten knusprig grillen.

8_ Die Sauce evtl. nochmals kurz aufkochen lassen und mit Salz und Pfeffer abschmecken. Den Schweinebauch in Scheiben schneiden und mit der Sauce servieren.

Pro Portion: E: 34 g, F: 93 g, Kh: 7 g, kJ: 4130, kcal: 986

Beilage: Kartoffeln oder Semmelknödel.

Tipp: Die Schweinebauchschwarte bereits vom Metzger in kleine Rauten schneiden lassen.

Scharfes Filet mit Erdnusskernen und Oliven

6 Portionen – Schnell

1,2 kg Schweinefilet

3 EL Olivenöl

Salz

frisch gemahlener Pfeffer

etwas Cayennepfeffer

1 große Zwiebel

1 rote Chilischote

400 g Fleischtomaten

150 g Erdnusskerne (ungesalzen)

18 schwarze, entkernte Oliven

2 Gewürznelken

1 Zimtstange

500 ml (½ l) Fleischbrühe

1 Bio-Limette (unbehandelt)

Zubereitungszeit: **40 Minuten**

Garzeit: **etwa 30 Minuten**

1_ Den Backofen bei Ober-/Unterhitze auf 95 °C vorheizen. Einen hitzebeständigen Teller oder eine Auflaufform auf dem Rost (mittlere Schiene) miterhitzen. Schweinefilet mit Küchenpapier trocken tupfen, enthäuten und entsehnen.

2_ Olivenöl in einem Bräter erhitzen. Schweinefilet mit Salz, Pfeffer und Cayennepfeffer würzen und in dem Bräter rundherum etwa 10 Minuten anbraten. Dann das Filet auf dem vorgewärmten Teller oder in der Auflaufform auf dem Rost in den vorgeheizten Backofen schieben und etwa 30 Minuten garen.

3_ Zwiebel abziehen und in kleine Würfel schneiden. Chilischote entstielen, vorsichtig entkernen, abspülen, abtropfen lassen und in feine Ringe schneiden.

4_ Tomaten abspülen, kreuzweise einschneiden und kurz in kochendes Wasser legen. Tomaten mit kaltem Wasser abschrecken, enthäuten, halbieren, entkernen und die Stängelansätze herausschneiden. Fruchtfleisch in grobe Würfel schneiden.

5_ Die Erdnusskerne in den Bräter geben und im Bratensatz goldbraun anrösten. Zwiebel-, Tomatenwürfel und Chiliringe zu den angerösteten Erdnusskernen geben. Oliven grob hacken und mit Nelken und Zimtstange ebenfalls hinzufügen. Brühe hinzugießen, zum Kochen bringen und 5–8 Minuten bei schwacher Hitze ohne Deckel leicht köcheln lassen.

6_ Limette heiß abwaschen und abtrocknen. Die Schale mit einem Zestenreißer abziehen. Limette halbieren und den Saft auspressen.

7_ Die Sauce mit Salz, Pfeffer, Limettensaft und -schale abschmecken. Nelken und Zimtstange entfernen. Das Schweinefilet in die Sauce legen und servieren.

Pro Portion: E: 50 g, F: 27 g, Kh: 6 g, kJ: 1946, kcal: 465

Beilage: Reis oder Kerbelkartoffeln.

Schweinerollbraten

4 Portionen – Klassisch

1 Zwiebel
850 g Schweinerollbraten
Salz
frisch gemahlener Pfeffer
4 EL Speiseöl, z. B. Rapsöl

400 g Champignons
30 g Butter
400 g Möhren
1 kleiner Blumenkohl
Wasser
1 gestr. TL Salz

250 ml (¼ l) Fleischbrühe
2 EL Crème fraîche

1 EL gehackte Petersilie

Zubereitungszeit: **45 Minuten**
Garzeit: **etwa 4 ½ Stunden**

1_ Den Backofen bei Ober-/Unterhitze auf 80 °C vorheizen. Zwiebel abziehen und würfeln. Rollbraten mit Küchenpapier trocken tupfen, mit Salz und Pfeffer würzen.

2_ Speiseöl in einem großen flachen Bräter erhitzen. Den Rollbraten darin von allen Seiten in etwa 8 Minuten gut anbraten. Zwiebelwürfel hinzufügen und kurz mitbraten. Den Bräter auf dem Rost (unteres Drittel) in den vorgeheizten Backofen schieben. Den Rollbraten etwa 4 ½ Stunden garen.

3_ Etwa 1 Stunde vor dem Ende der Garzeit Champignons putzen, mit Küchenpapier abreiben, evtl. abspülen und abtropfen lassen. Große Champignons halbieren.

4_ Butter in einer Pfanne zerlassen und die Champignons darin anbraten, mit Salz und Pfeffer würzen. Champignons mit in den Bräter geben. Den Bräter zurück in den Backofen schieben und das Fleisch zu Ende garen. Die Pfanne beiseitestellen.

5_ Möhren putzen, schälen, abspülen, abtropfen lassen und in 1 cm dicke Scheiben schneiden. Vom Blumenkohl die Blätter und schlechten Stellen entfernen, den Strunk abschneiden und den Blumenkohl in Röschen teilen. Röschen waschen und abtropfen lassen.

6_ Wasser mit Salz in einem Topf zum Kochen bringen und nacheinander die Blumenkohlröschen etwa 10 Minuten und die Möhrenscheiben etwa 7 Minuten kochen. Das Gemüse abtropfen lassen und warm stellen.

7_ Beiseite gestellte Pfanne erwärmen, Fleischbrühe hinzugießen und kurz aufkochen. Crème fraîche einrühren, Sauce mit Salz und Pfeffer abschmecken. Rollbraten in Scheiben schneiden, mit Sauce, Champignons und mit Petersilie bestreutem Gemüse servieren.

Pro Portion: E: 52 g, F: 39 g, Kh: 8 g, kJ: 2492, kcal: 598

Schweinehaxe mit Linsengemüse

4 Portionen – Deftig

2 Zwiebeln

1 kg Schweinehinterhaxen-
   fleisch, ohne Knochen, Fett
   und Schwarte

Salz

frisch gemahlener Pfeffer

5 EL Speiseöl, z. B. Rapsöl

180 g Knollensellerie

300 g Möhren

200 g Pardina-Linsen oder rote
   Linsen

350 ml heiße Hühnerbrühe

1 Stange Porree (Lauch)

50 ml Sojasauce

1 EL Honig

Zubereitungszeit: 30 Minuten
Garzeit: etwa 5 ½ Stunden

1_ Den Backofen bei Ober-/Unterhitze auf 80 °C vorheizen. Zwiebeln abziehen und würfeln.

2_ Fleisch mit Küchenpapier trocken tupfen und mit Salz und Pfeffer bestreuen.

3_ Speiseöl in einem großen flachen Bräter erhitzen. Das Fleisch darin von allen Seiten in etwa 10 Minuten gut anbraten. Zwiebelwürfel hinzufügen und kurz mitbraten.

4_ Den Bräter auf dem Rost (unteres Drittel) in den Backofen schieben und das Fleisch etwa 5 ½ Stunden garen.

5_ Etwa 2 Stunden vor dem Ende der Garzeit Sellerie und Möhren putzen, schälen, abspülen und in kleine Würfel schneiden. Gemüsewürfel mit den Linsen zum Fleisch in den Bräter geben. Heiße Hühnerbrühe dazugießen. Den Bräter zurück in den Backofen schieben und das Fleisch weitergaren.

6_ Etwa 1 Stunde vor dem Ende der Garzeit Porree putzen, die Stange längs einschneiden, gründlich waschen und abtropfen lassen. Porree in feine Scheiben schneiden und mit in den Bräter geben. Den Bräter zurück in den Backofen schieben und das Fleisch zu Ende garen.

7_ Das Linsengemüse mit Sojasauce, Honig, Salz und Pfeffer abschmecken. Den Schweinehaxenbraten in Scheiben schneiden und mit dem Linsengemüse servieren.

Pro Portion: E: 67 g, F: 31 g, Kh: 30 g, kJ: 2808, kcal: 671

Beilage: Petersilienkartoffeln.

Schweinebraten mit Kräuterkruste

4 Portionen – Raffiniert

800 g Schweinekotelett am
  Stück, ohne Knochen
4 EL Olivenöl

1 Knoblauchzehe
1 Bio-Zitrone (unbehandelt)
1 Zweig Rosmarin
1 EL Fenchelsamen
1 EL Koriandersamen
2 EL Olivenöl
Salz
frisch gemahlener Pfeffer

500 g Pfifferlinge
20 g Butter
200 g Schlagsahne
200 ml Fleischbrühe

1 TL Speisestärke
1 EL kaltes Wasser

Zubereitungszeit: **30 Minuten**
Garzeit: **etwa 4 Stunden**

1_ Den Backofen bei Ober-/Unterhitze auf 80 °C vorheizen. Einen feuer-festen Teller oder eine Auflaufform mit niedrigem Rand auf dem Rost (mittlere Schiene) miterwärmen.

2_ Das Fleisch mit Küchenpapier trocken tupfen und Fett abschneiden. Öl in einer Pfanne erhitzen. Das Fleisch darin in etwa 10 Minuten von allen Seiten gut anbraten.

3_ Knoblauchzehe abziehen und fein würfeln. Zitrone heiß abwaschen, abtrocknen und die Zitronenschale fein abreiben. Rosmarin abspülen, trocken tupfen und die Nadeln von den Stängeln zupfen. Nadeln fein hacken.

4_ Knoblauch mit Fenchel-, Koriandersamen, Zitronenschale und Rosmarin in einem Mörser fein zerreiben, mit Olivenöl verrühren und mit Salz und Pfeffer würzen. Angebratenes Fleisch mit der Mischung bestreichen.

5_ Dann das Kräuterfleisch auf dem vorgewärmten Teller oder in der Auflaufform auf dem Rost in den vorgeheizten Backofen schieben und etwa 4 Stunden garen.

6_ Etwa 45 Minuten vor dem Ende der Garzeit Pfifferlinge putzen, evtl. kurz abspülen und auf Küchenpapier abtropfen lassen. Butter in einer Pfanne zerlassen und die Pfifferlinge darin anbraten.

7_ Sahne und Brühe unterrühren, die Sauce kurz aufkochen und etwa 5 Minuten köcheln lassen. Stärke mit Wasser anrühren und in die Sauce einrühren. Sauce nochmals kurz aufkochen lassen und mit Salz und Pfeffer abschmecken.

8_ Den Schweinebraten mit Kräuterkruste in Scheiben schneiden und mit der Pfifferlingssauce servieren.

Pro Portion: E: 45 g, F: 38 g, Kh: 7 g, kJ: 2330, kcal: 556

Beilage: Semmelknödel.

Spieße mit Schweinefleisch

4 Portionen – Für Gäste

200 g Tomatenketchup

150 ml Fleischbrühe

2 TL Currypulver

500 g magere Schweineschulter,
   ohne Knochen

1 gelbe Paprikaschote

8 entsteinte, getrocknete
   Pflaumen

8 dünne Scheiben geräucherter
   Speck

1 Zwiebel

Salz

frisch gemahlener Pfeffer

3 EL Speiseöl, z. B. Rapsöl

Außerdem:

4 Schaschlikspieße

Zubereitungszeit: **30 Minuten**

Garzeit: **etwa 40 Minuten**

1_ Den Backofen bei Ober-/Unterhitze auf 80 °C vorheizen. Ketchup mit Brühe und Currypulver in einer größeren Auflaufform mit niedrigem Rand verrühren. Die Form auf dem Rost (mittlere Schiene) in den Backofen schieben.

2_ Schweineschulter mit Küchenpapier trocken tupfen und Fett und Sehnen abschneiden. Das Fleisch in etwa 3 cm große Würfel schneiden.

3_ Paprikaschote halbieren, entstielen, entkernen und die weißen Scheidewände entfernen. Schote waschen, abtropfen lassen und in etwa 3 cm große Stücke schneiden.

4_ Jede Pflaume mit einer Speckscheibe umwickeln. Zwiebel abziehen, vierteln und in Segmente zupfen.

5_ Abwechselnd Fleisch-, Paprika- und Zwiebelstücke und umwickelte Pflaumen auf die 4 Schaschlikspieße stecken. Die Spieße mit Salz und Pfeffer bestreuen.

6_ Speiseöl in einer großen Pfanne erhitzen und die Spieße darin in etwa 8 Minuten von allen Seiten gut anbraten. Die Spieße in die vorgewärmte Auflaufform legen. Die Form zurück in den Backofen schieben und die Spieße etwa 40 Minuten garen.

Pro Portion: E: 31 g, F: 21 g, Kh: 22 g, kJ: 1707, kcal: 408

Beilage: Reis.

Schweinesteaks mit Steckrüben-Rosenkohl-Gemüse

4 Portionen – Einfach

4 Schweinesteaks (je etwa 180 g)
Salz
frisch gemahlener Pfeffer
4 EL Speiseöl, z. B. Rapsöl
250 g Steckrübe
200 g Rosenkohl
150 g kleine Pfifferlinge

Wasser
1 gestr. TL Salz

200 g Schlagsahne

Zubereitungszeit: 30 Minuten
Garzeit: etwa 20 Minuten

1_ Den Backofen bei Ober-/Unterhitze auf 80 °C vorheizen. Einen feuerfesten Teller oder eine Auflaufform mit niedrigem Rand auf dem Rost (mittlere Schiene) miterwärmen.

2_ Schweinesteaks mit Küchenpapier trocken tupfen und mit Salz und Pfeffer würzen.

3_ Öl in einer Pfanne erhitzen. Die Schweinesteaks darin etwa 2 Minuten von jeder Seite gut anbraten. Dann die Steaks nebeneinander auf dem vorgewärmten Teller oder in der Auflaufform auf dem Rost in den vorgeheizten Backofen schieben und etwa 20 Minuten garen. Pfanne mit dem Bratensatz beiseitestellen.

4_ Steckrübe schälen, abspülen, abtropfen lassen und in Würfel schneiden. Rosenkohl und Pfifferlinge putzen, evtl. kurz abspülen und gut abtropfen lassen.

5_ Wasser mit Salz in einem Topf zum Kochen bringen. Rosenkohl und Steckrübenwürfel darin etwa 8 Minuten kochen, dann auf einem Sieb abtropfen lassen.

6_ Beiseite gestellte Pfanne erhitzen und die Pfifferlinge darin unter Rühren etwa 5 Minuten braten. Rosenkohl und Steckrübenwürfel unterrühren und kurz miterwärmen.

7_ Sahne unterrühren, kurz aufkochen lassen und das Gemüse mit Salz und Pfeffer abschmecken. Schweinesteaks auf dem Gemüse servieren.

Pro Portion: E: 42 g, F: 35 g, Kh: 5 g, kJ: 2134, kcal: 509

Beilage: Petersilien- oder Salzkartoffeln.

Fruchtige Nackensteaks

4 Portionen – Raffiniert

1 Zwiebel

1 kleines Stück Ingwerwurzel
  (etwa 10 g)

1 Dose Aprikosen
  (Einwaage 420 g)

180 g Tomatenketchup

Salz

frisch gemahlener Pfeffer

1 Spritzer Tabasco

2 doppelte Nackensteaks
  (je etwa 400 g)

4 EL Speiseöl, z. B. Rapsöl

1–2 EL Schnittlauchröllchen

Zubereitungszeit: **30 Minuten**

Garzeit: **etwa 60 Minuten**

1_ Den Backofen bei Ober-/Unterhitze auf 80 °C vorheizen. Zwiebel abziehen, halbieren und in kleine Würfel schneiden. Ingwer schälen und fein würfeln.

2_ Aprikosen mit dem Saft pürieren, mit Ketchup verrühren und mit Ingwer, Salz, Pfeffer und Tabasco abschmecken.

3_ Nackensteaks mit Küchenpapier trocken tupfen, evtl. vorhandenes Fett abschneiden. Nackensteaks mit Salz und Pfeffer bestreuen. Speiseöl in einem großen flachen Bräter erhitzen. Die Nackensteaks darin von allen Seiten in etwa 10 Minuten gut anbraten.

4_ Zwiebelwürfel hinzufügen und kurz unter Rühren ebenfalls anbraten. Aprikosensauce hinzufügen und kurz aufkochen lassen. Den Bräter auf dem Rost (unteres Drittel) in den vorgeheizten Backofen schieben und das Fleisch etwa 60 Minuten garen.

5_ Die Nackensteaks in Scheiben schneiden und mit Sauce und Schnittlauchröllchen garniert servieren.

Pro Portion: E: 44 g, F: 30 g, Kh: 39 g, kJ: 2540, kcal: 607

Beilage: Kroketten.

Kasselerbraten auf Weintraubensauerkraut

4 Portionen – Klassisch

800 g Kasselerkotelett am Stück,
   ohne Knochen

frisch gemahlener Pfeffer

2 Zwiebeln

3 EL Speiseöl, z. B. Rapsöl

500 g frisches Sauerkraut

1 kleine Dose Ananas
   (Abtropfgewicht 140 g)

200 g blaue Weintrauben

250 ml (¼ l) trockener Weißwein

2 Lorbeerblätter

2 EL Zucker

Salz

Zubereitungszeit: **40 Minuten**
Garzeit: **etwa 3 Stunden**

1_ Den Backofen bei Ober-/Unterhitze auf 80 °C vorheizen. Kasseler mit Küchenpapier trocken tupfen und mit Pfeffer bestreuen. Zwiebeln abziehen, halbieren und in Scheiben schneiden.

2_ Speiseöl in einem großen flachen Bräter erhitzen. Das Kasseler darin von allen Seiten in etwa 6 Minuten gut anbraten. Zwiebelscheiben hinzufügen und kurz unter Rühren ebenfalls anbraten.

3_ Den Bräter auf dem Rost (unteres Drittel) in den vorgeheizten Backofen schieben und das Fleisch etwa 3 Stunden garen.

4_ Etwa 1 Stunde vor dem Ende der Garzeit Sauerkraut auf einem Sieb abtropfen lassen. Ananas auf einem Sieb abtropfen lassen und in kleine Stücke schneiden. Weintrauben waschen, abtropfen lassen, entstielen und halbieren oder vierteln.

5_ Sauerkraut mit Ananasstücken, Weintrauben, Wein und Lorbeerblätter zum Kasseler in den Bräter geben, mit Zucker, Salz und Pfeffer würzen. Den Bräter wieder in den Backofen schieben und das Kasseler mit dem Sauerkraut zu Ende garen.

Pro Portion: E: 37 g, F: 25 g, Kh: 26 g, kJ: 2207, kcal: 527

Beilage: Kartoffeln.

Lammschulter in Curryrahm

12 Portionen – Für Gäste

2 Lammschultern
(ohne Knochen, etwa 3 kg)
2 rote Paprikaschoten
200 g Zwiebeln
3 Knoblauchzehen
Salz
frisch gemahlener Pfeffer
1–2 TL Pul Biber
(geschrotete Pfefferschoten)

5 EL Olivenöl
2 EL Currypulver
750 ml (¾ l) Fleischbrühe

650 g Möhren

2 EL Speisestärke
1 Becher (150 g) Crème fraîche

Außerdem:
Küchengarn

Zubereitungszeit: **40 Minuten**
Garzeit: **etwa 5 Stunden**

1_ Den Backofen bei Ober-/Unterhitze auf 95 °C vorheizen. Die Lammschultern trocken tupfen, Fett und Sehnen entfernen.

2_ Paprikaschoten halbieren, entstielen, entkernen und die weißen Scheidewände entfernen. Schoten abspülen, abtropfen lassen und vierteln. Zwiebeln und Knoblauch abziehen, fein würfeln.

3_ Die Lammschultern auf der Arbeitsfläche flach ausbreiten, evtl. etwas flach drücken oder flach klopfen, mit Salz, Pfeffer und Pul Biber bestreuen. Die Paprikaviertel auf einer Lammschulter mittig verteilen.

4_ Die zweite Lammschulter darauflegen und das Ganze mit Küchengarn (kissenartig) fest zusammenbinden, auch von außen mit Salz, Pfeffer und Pul Biber bestreuen.

5_ Das Olivenöl in einem Bräter erhitzen. Die Lammschulter darin etwa 10 Minuten von allen Seiten gut anbraten.

6_ Zwiebel- und Knoblauchwürfel in den Bräter geben und kurz mit anbraten. Currypulver unterrühren. Fleischbrühe hinzugießen und kurz aufkochen lassen.

7_ Den Bräter auf dem Rost in den vorgeheizten Backofen (unteres Drittel) schieben und die Lammschulter etwa 5 Stunden garen, dabei 2–3-mal wenden.

8_ Nach etwa 3 Stunden Garzeit die Möhren putzen, schälen, abspülen, abtropfen lassen und in etwa ½ cm dicke Streifen schneiden. Möhrenstreifen in den Bräter geben, unterrühren und die Lammschulter zu Ende garen.

9_ Die Lammschulter aus dem Bräter nehmen und warm stellen. Sauce evtl. entfetten. Die Speisestärke in etwas kaltem Wasser anrühren und in die Sauce einrühren. Die Sauce kurz aufkochen lassen, Crème fraîche unterrühren und mit Salz, Pfeffer und Currypulver abschmecken. Küchengarn von der Lammschulter entfernen, den Braten in Scheiben schneiden und mit der Sauce servieren.

Pro Portion: E: 49 g, F: 25 g, Kh: 8 g, kJ: 1894, kcal: 453

Beilage: Reisnudeln.

Tipp: Den Curryrahm mit etwas Zitronensaft abschmecken.
Die Lammschulter mit Zitronenschale und Petersilie garniert servieren.

Lammhaxen mit Auberginengemüse

6 Portionen – Für Gäste

6 Lammhaxen (etwa 2,2 kg)

220 g Zwiebeln
3 Knoblauchzehen
75 g getrocknete Tomaten
1 rote Chilischote
130 g schwarze Oliven, ohne
   Stein

4 EL Olivenöl
Salz
frisch gemahlener Pfeffer
1–2 TL gerebelter Thymian
1–2 TL gerebelter Rosmarin

500 g Auberginen

600–700 ml Fleischbrühe
100 ml Milch
40 g Butter
200 g Maisgrieß
60 g Parmesan-Käse
frisch geriebene Muskatnuss
60 g Butter

Zubereitungszeit: **40 Minuten,
ohne Abkühlzeit**
Garzeit: **etwa 3 ½ Stunden**

1_ Den Backofen bei Ober-/Unterhitze auf 95 °C vorheizen. Die Lamm-haxen mit Küchenpapier trocken tupfen, Fett und Sehnen entfernen.

2_ Zwiebeln und Knoblauch abziehen und würfeln. Tomaten in feine Streifen schneiden. Chilischote längs halbieren, entstielen und entkernen. Schote abspülen, abtropfen lassen und fein hacken. Oliven auf einem Sieb abtropfen lassen.

3_ Olivenöl in einem Bräter erhitzen. Lammhaxen mit Salz, Pfeffer, Thymian, Rosmarin und Chili würzen und in dem Bräter etwa 10 Minu-ten von allen Seiten gut anbraten.

4_ Zwiebel- und Knoblauchwürfel in den Bräter geben und kurz mit anbraten. Auberginen abspülen, abtrocknen und Stängelansätze ab-schneiden. Auberginen in etwa 2 cm große Würfel schneiden und im Bräter unter gelegentlichem Rühren mit anbraten.

5_ Tomatenstreifen und Oliven hinzufügen und unterrühren. Den Bräter auf dem Rost in den vorgeheizten Backofen (unteres Drittel) schieben und die Lammhaxen etwa 3 ½ Stunden garen, dabei 2–3-mal wenden.

6_ Etwa 40 Minuten vor dem Ende der Garzeit Fleischbrühe mit Milch und Butter in einem Topf unter gelegentlichem Rühren aufkochen lassen. Den Grieß einrühren und etwa 3 Minuten unter Rühren köcheln lassen. Käse unterrühren, die Masse mit Muskat abschmecken.

7_ Die Grießmasse in eine flache Form (gefettet, etwa 20 x 30 cm) geben und glatt streichen. Die Grießmasse erkalten lassen (etwa 20 Minuten) und dann in Streifen schneiden.

8_ Die Butter in einer Pfanne zerlassen und die Polentastreifen darin von beiden Seiten goldbraun braten. Die Lammhaxen mit Auberginen-gemüse und Polentastreifen servieren.

Pro Portion: E: 61 g, F: 42 g, Kh: 37 g, kJ: 3247, kcal: 776

Mediterraner Lammrollbraten

8 Portionen – Raffiniert

1 Lammkeule, ohne Knochen
  (etwa 1,6 kg)
Salz
frisch gemahlener Pfeffer
60 g getrocknete Tomaten
120 g Zwiebeln
2 Knoblauchzehen
140 g Petersilienwurzeln
800 g Zucchini
1 rote Chilischote

5 EL Olivenöl

1 EL Tomatenmark
500 ml (½ l) Fleischbrühe
1 TL gerebelter Thymian
1 TL gerebelter Rosmarin

2 TL Speisestärke

Außerdem:
Küchengarn

Zubereitungszeit: **40 Minuten**
Garzeit: **etwa 4 Stunden**

1_ Den Backofen bei Ober-/Unterhitze auf 95 °C vorheizen. Die Lammkeule trocken tupfen, Fett und Sehnen entfernen.

2_ Die Lammkeule auf der Arbeitsfläche flach ausbreiten, mit Salz und Pfeffer bestreuen. Die Tomaten in die Mitte der Keule legen und die Keule zu einer Rolle aufrollen, mit Küchengarn verschnüren.

3_ Zwiebeln und Knoblauch abziehen und fein würfeln. Petersilienwurzeln putzen, schälen, abspülen, abtropfen lassen und in kleine Würfel schneiden. Zucchini abspülen, abtrocknen, die Enden abschneiden und Zucchini in etwa 1 cm große Würfel schneiden.

4_ Die Chilischote längs halbieren, entstielen und entkernen. Die Schote abspülen, abtropfen lassen und fein hacken. Das Olivenöl in einem Bräter erhitzen. Den Rollbraten von außen mit Salz und Pfeffer bestreuen und im Bräter von allen Seiten etwa 10 Minuten anbraten.

5_ Zwiebel- und Knoblauchwürfel in den Bräter geben und mit anbraten. Tomatenmark unterrühren. Dann die Petersilienwurzel- und Zucchiniwürfel hinzugeben und ebenfalls kurz unter Rühren anbraten. Fleischbrühe in den Bräter gießen und kurz aufkochen lassen. Chili, Thymian und Rosmarin unterrühren.

6_ Den Bräter auf dem Rost in den vorgeheizten Backofen (unteres Drittel) schieben und den Lammrollbraten etwa 4 Stunden garen, dabei 2–3-mal wenden.

7_ Den Rollbraten aus dem Bräter nehmen und warm stellen. Die Speisestärke in etwas kaltem Wasser anrühren und in die Gemüsesauce einrühren. Die Sauce kurz aufkochen lassen, mit Salz und Pfeffer abschmecken. Küchengarn vom Rollbraten entfernen. Den Braten in Scheiben schneiden und mit der Sauce servieren.

Pro Portion: E: 44 g, F: 16 g, Kh: 9 g, kJ: 1465, kcal: 349

Beilage: Polenta.

Tipp: Die Zucchiniwürfel bleiben bissfester, wenn sie erst unter Punkt 7 in die Sauce geben werden und etwa 5 Minuten köcheln. Zum Servieren den Rollbraten mit Rosmarinstängeln garnieren.

Lammrollbraten in Estragon-Rahm-Sauce

8–10 Portionen – Mit Alkohol

je 4 Stängel Rosmarin und
  Thymian
6 EL Olivenöl
2 EL mittelscharfer Senf
Salz
frisch gemahlener Pfeffer
2 TL Paprikapulver rosenscharf
1 Lammkeule
  (etwa 1,8 kg, ohne Knochen)

1 Gemüsezwiebel
2 Möhren
300 g Knollensellerie
1 Stange Porree (Lauch)
4 EL Olivenöl
2 TL Tomatenmark
200 ml trockener Rotwein
500 ml (½ l) Geflügelfond
4 Lorbeerblätter
200 g Schlagsahne
6 Stängel Estragon
2 TL Speisestärke

Außerdem:
Küchengarn

Zubereitungszeit: **50 Minuten**
Garzeit: **etwa 4 Stunden**

1_ Rosmarin und Thymian abspülen und trocken tupfen. Die Nadeln bzw. Blätter von den Stängeln zupfen. Nadeln und Blätter klein schneiden, mit 2 Esslöffeln Olivenöl, Senf, Salz, Pfeffer und Paprikapulver verrühren.

2_ Den Backofen bei Ober-/Unterhitze auf 95 °C vorheizen. Die Lammkeule trocken tupfen, Fett und Sehnen entfernen. Die Lammkeule auf der Arbeitsfläche flach ausbreiten, mit einem Fleischklopfer etwas flacher klopfen und mit der Kräuterpaste bestreichen. Das Lammfleisch aufrollen und mit Küchengarn verschnüren.

3_ Zwiebel abziehen. Möhren und Sellerie putzen, schälen, abspülen und abtropfen lassen. Zwiebel, Möhren und Sellerie in grobe Würfel schneiden. Porree putzen, die Stange längs halbieren. Porree gründlich waschen, abtropfen lassen und in Stücke schneiden.

4_ Olivenöl in einem Bräter erhitzen. Den Rollbraten darin von allen Seiten etwa 10 Minuten anbraten. Zwiebeln hinzufügen und kurz mit anbraten. Tomatenmark unterrühren. Rotwein und Geflügelfond hinzugießen und kurz aufkochen lassen. Lorbeerblätter unterrühren.

5_ Den Bräter auf dem Rost in den vorgeheizten Backofen (unteres Drittel) schieben und den Lammrollbraten etwa 4 Stunden garen, dabei 2–3-mal wenden.

6_ Nach etwa 2 Stunden Garzeit Sellerie-, Möhrenwürfel und Porreestücke in den Bräter geben und den Braten zu Ende garen.

7_ Den Rollbraten aus dem Bräter nehmen und warm halten. Die Sauce aufkochen lassen, das Gemüse pürieren. Sahne unterrühren und die Sauce nochmals aufkochen lassen.

8_ Estragon abspülen und trocken tupfen. Einige Stängel zum Garnieren beiseitelegen. Von den restlichen Stängeln die Blätter abzupfen, klein schneiden und unter die Sauce rühren.

9_ Speisestärke mit 1–2 Esslöffeln kaltem Wasser anrühren, in die Sauce rühren und unter Rühren kurz aufkochen lassen. Die Sauce mit Salz und Pfeffer abschmecken. Das Küchengarn vom Rollbraten entfernen. Den Rollbraten aufschneiden und mit der Sauce auf einer vorgewärmten Platte oder im Bräter anrichten, mit den beiseite gelegten Estragonstängeln garnieren.

Pro Portion: E: 43 g, F: 27 g, Kh: 6 g, kJ: 1906, kcal: 455

Beilage: Reisnudeln.

Lammkeule, gefüllt mit Pecorino-Käse

6 Portionen – Mediterran

1,4 kg Lammkeule, ohne
  Knochen
120 g Pecorino-Käse
Salz
frisch gemahlener Pfeffer
200 g Zwiebeln
3 Knoblauchzehen

4 EL Olivenöl

1 TL Tomatenmark
250 ml (¼ l) Fleischbrühe

2–3 Stängel Pfefferminze

Außerdem:
Küchengarn

Zubereitungszeit: **30 Minuten**
Garzeit: **etwa 4 Stunden**

1_ Den Backofen bei Ober-/Unterhitze auf 95 °C vorheizen. Die Lammkeule trocken tupfen, Fett und Sehnen entfernen. Die Keule auf der Arbeitsfläche ausbreiten.

2_ Pecorino in zwei Stücke schneiden. Die Lammkeule mit Salz und Pfeffer bestreuen und mit Käse belegen. Die Keule aufrollen und mit Küchengarn verschnüren, mit Salz und Pfeffer bestreuen.

3_ Zwiebeln und Knoblauch abziehen und in Würfel schneiden. Das Olivenöl in einem Bräter erhitzen. Die Lammkeule darin etwa 10 Minuten von allen Seiten anbraten. Zwiebel- und Knoblauchwürfel hinzufügen und kurz mit anbraten. Tomatenmark unterrühren. Fleischbrühe hinzugießen und kurz aufkochen lassen.

4_ Den Bräter auf dem Rost (unteres Drittel) in den vorgeheizten Backofen schieben und die Lammkeule etwa 4 Stunden garen, dabei 2–3-mal wenden.

5_ Pfefferminze abspülen, trocken tupfen, einen Stängel kleiner zupfen und zum Garnieren beiseitelegen. Von den restlichen Stängeln die Blättchen abzupfen und fein hacken.

6_ Die Lammkeule aus dem Bräter nehmen und in Scheiben schneiden, dabei das Küchengarn entfernen. Gehackte Pfefferminzblättchen in die Sauce einrühren, die Sauce evtl. nochmals mit Salz und Pfeffer abschmecken, mit Lammscheiben und beiseite gelegten Minzstängeln servieren.

Pro Portion: E: 54 g, F: 24 g, Kh: 2 g, kJ: 1834, kcal: 438

Beilage: Buschbohnen-Zwiebel-Gemüse und Kartoffelpüree.

Lammhackbraten mit weißen Bohnen

6 Portionen – Raffiniert

220 g Zwiebeln

3 Knoblauchzehen

50 g getrocknete Tomaten

1 kg Lammhackfleisch

2 Eier (Größe M)

Salz

frisch gemahlener Pfeffer

1 TL gerebelter Thymian oder
  Rosmarin

½ TL Chiliflocken

200 g Schafkäse

4 EL Olivenöl

2 Dosen weiße Bohnen
  (Abtropfgewicht je 480 g)

400 g passierte Tomaten

100 g schwarze Oliven, ohne
  Stein

2–3 Tomaten

Zubereitungszeit: **45 Minuten**

Garzeit: **3 ½–4 Stunden**

1_ Den Backofen bei Ober-/Unterhitze auf 95 °C vorheizen. Zwiebeln und Knoblauch abziehen und fein würfeln. Tomaten in feine Streifen schneiden.

2_ Gehacktes in eine Schüssel geben. Etwa die Hälfte der Zwiebel- und Knoblauchwürfel, Eier und Tomatenstreifen hinzufügen, alles gut vermengen.

3_ Die Masse mit Salz, Pfeffer, Thymian oder Rosmarin und Chili würzen, zu einem länglichen Laib formen, längs eine Vertiefung eindrücken. Schafkäse abtropfen lassen, in 3 gleich große, längliche Stücke schneiden. 2 der Käsestücke in die Vertiefung legen, mit der Hackmasse umschließen, sodass ein etwa 7 cm dicker Laib entsteht.

4_ Das Öl in einem Bräter erhitzen. Den Fleischlaib darin von allen Seiten etwa 10 Minuten gut anbraten. Restliche Zwiebel- und Knoblauchwürfel in den Bräter geben und kurz mit anbraten.

5_ Bohnen abtropfen lassen und mit den passierten Tomaten in den Bräter geben. Oliven hinzufügen und unterrühren. Das Ganze kurz aufkochen lassen.

6_ Den Bräter auf dem Rost in den vorgeheizten Backofen (unteres Drittel) schieben. Den Lammhackbraten 3 ½–4 Stunden garen.

7_ Tomaten abspülen, abtrocknen, halbieren und die Stängelansätze herausschneiden. Tomaten in Spalten schneiden. Restlichen Schafkäse in kleine Stücke schneiden. Den Lammhackbraten in Scheiben schneiden, mit Sauce, Käsestückchen und Tomatenspalten servieren.

Pro Portion: E: 51 g, F: 42 g, Kh: 34 g, kJ: 3007, kcal: 716

Beilage: Fladenbrot.

Tipp: Der Lammhackbraten sollte nach der Garzeit eine Kerntemperatur von etwa 80 °C erreicht haben. Die Käsestückchen und Tomatenspalten unter die Sauce rühren. Lammhackbraten mit Rosmarin garniert servieren.

Lammkarree mit weißen Bohnen

4 Portionen – Mit Alkohol

2 Knoblauchzehen

2 Zwiebeln

1 Glas weiße Bohnen
(Abtropfgewicht 490 g)

250 g Mini-Roma-Tomaten oder
Cocktailtomaten

750 g Lammkarree (Rippenstück
mit frei geschnittenen Rippen)

Salz

frisch gemahlener Pfeffer

4 EL Olivenöl

200 ml trockener Weißwein

1–2 Zweige Rosmarin

½ TL gerebelter Thymian

Zubereitungszeit: **20 Minuten**

Garzeit: **etwa 70 Minuten**

1_ Den Backofen bei Ober-/Unterhitze auf 80 °C vorheizen. Knoblauch und Zwiebeln abziehen und fein würfeln. Bohnen auf einem Sieb abtropfen lassen. Tomaten waschen und abtropfen lassen.

2_ Lammkarree mit Küchenpapier trocken tupfen, evtl. vorhandenes Fett abschneiden. Lammkarree mit Salz und mit Pfeffer bestreuen. Olivenöl in einem großen flachen Bräter erhitzen. Lammkarree darin von allen Seiten in etwa 10 Minuten gut anbraten.

3_ Zwiebel- und Knoblauchwürfel hinzufügen und kurz mitbraten. Wein einrühren und die Bohnen hinzufügen, einmal kurz aufkochen lassen. Den Bräter auf dem Rost (unteres Drittel) in den vorgeheizten Backofen schieben und das Lammkarree etwa 70 Minuten garen.

4_ Etwa 20 Minuten vor dem Ende der Garzeit Tomaten mit in den Bräter geben. Den Bräter zurück in den Backofen schieben und das Lamm-karree zu Ende garen.

5_ Rosmarin abspülen, trocken tupfen und in kleinere Zweige zupfen. Bohnengemüse mit Salz, Pfeffer und Thymian abschmecken. Lammkarree in Stücke schneiden, auf den Bohnen und mit Rosmarin garniert servieren.

Pro Portion: E: 36 g, F: 32 g, Kh: 22 g, kJ: 2333, kcal: 556

Lammkeulenbraten

6–8 Portionen – Für Gäste

1 Lammkeule, ohne Knochen
(etwa 1,5 kg)
4 Knoblauchzehen
3 EL Olivenöl
Salz
frisch gemahlener Pfeffer

Zum Bestreichen:
1 Zwiebel
80 g Semmelbrösel
1 EL fein gehackte Petersilienblättchen
1 EL fein gehackte
Rosmarinnadeln
1 EL fein gehackte Thymian-
blättchen
4 EL Olivenöl

Zubereitungszeit: **30 Minuten**
Garzeit: **etwa 7 Stunden**

1_ Den Backofengrill auf 240 °C vorheizen. Von der Keule Fett und Sehnen entfernen. Lammkeule mit Küchenpapier trocken tupfen.

2_ Knoblauch abziehen und in Stifte schneiden. Die Lammkeule mit den Knoblauchstiften spicken. Dazu die Lammkeule in gleichmäßigen Abständen mit einem scharfen spitzen Messer vorsichtig einschneiden und jeweils einen Knoblauchstift hineinstecken.

3_ Die Lammkeule mit Öl einstreichen, mit Salz und Pfeffer würzen und auf ein Backblech legen. Das Backblech in den vorgeheizten Backofen (unteres Drittel) schieben. Die Lammkeule etwa 15 Minuten grillen, dabei die Lammkeule einmal wenden.

4_ Dann den Grill ausschalten und den Backofen auf Ober-/Unterhitze 80 °C einstellen. Dabei die Backofentür einen kleinen Spalt öffnen, bis der Backofen die 80 °C erreicht hat. Dann die Backofentür wieder schließen.

5_ Zum Bestreichen die Zwiebel abziehen, halbieren und fein würfeln. Zwiebelwürfel mit Semmelbröseln, Kräutern und Olivenöl verrühren. Die Lammkeule damit bestreichen und wieder zurück in den Backofen schieben. Die Lammkeule etwa 7 Stunden garen.

6_ Nach dem Ende der Garzeit die Ober-/Unterhitze ausschalten und den Backofengrill auf 240 °C einstellen. Die Lammkeule etwa 10 Minuten grillen, so dass die Kruste knusprig wird. Dann die Lammkeule in Scheiben schneiden und servieren.

Pro Portion: E: 44 g, F: 20 g, Kh: 9 g, kJ: 1629, kcal: 389

Beilage: Rosmarinkartoffeln und Tomatensalat.

Lammrücken in Knoblauchsauce

4 Portionen – Mit Alkohol

400 g Lammrücken, ohne
  Knochen
Salz
frisch gemahlener Pfeffer
4 EL Olivenöl

500 g grüne Bohnen
Wasser
1 gestr. TL Salz

3 Zwiebeln
5 Knoblauchzehen
200 g Schlagsahne
100 ml trockener Weißwein
½ TL gerebelter Thymian

1 Tomate
20 g Butter
½ TL gerebeltes Bohnenkraut

Zubereitungszeit: **30 Minuten**
Garzeit: **etwa 30 Minuten**

1_ Den Backofen bei Ober-/Unterhitze auf 80 °C vorheizen. Einen feuer-festen Teller oder eine Auflaufform mit niedrigem Rand auf dem Rost (mittlere Schiene) miterwärmen.

2_ Lammrücken mit Küchenpapier trocken tupfen, evtl. vorhandenes Fett und Sehnen abschneiden. Lammrücken mit Salz und Pfeffer würzen.

3_ Öl in einer Pfanne erhitzen. Lammrücken darin in etwa 6 Minuten von allen Seiten gut anbraten. Dann den Lammrücken auf dem vorgewärm-ten Teller oder in der Auflaufform auf dem Rost in den vorgeheizten Backofen schieben und etwa 30 Minuten garen. Pfanne mit dem Bratensatz beiseitestellen.

4_ Bohnen putzen, evtl. abfädeln, waschen, abtropfen lassen. Wasser mit Salz in einem Topf zum Kochen bringen und die Bohnen darin 7–10 Minuten kochen lassen. Bohnen auf einem Sieb abtropfen lassen.

5_ Zwiebeln und Knoblauch abziehen und in Würfel schneiden. Beiseite gestellte Pfanne erwärmen und die Zwiebel- und Knoblauchwürfel darin anbraten.

6_ Sahne und Wein hinzugießen und unterrühren. Sauce etwa 5 Minuten köcheln lassen, dann mit Thymian, Salz und Pfeffer abschmecken.

7_ Tomate waschen, abtrocknen, halbieren und Stängelansatz heraus-schneiden. Tomate entkernen und Fruchtfleisch in Streifen schneiden. Butter in einer Pfanne zerlassen. Bohnen darin erwärmen, mit Salz, Pfeffer und Bohnenkraut würzen. Tomatenstreifen dazugeben und kurz miterwärmen. Lammrücken in Scheiben schneiden, mit Knoblauch-sauce und Bohnengemüse servieren.

Pro Portion: E: 23 g, F: 44 g, Kh: 8 g, kJ: 2277, kcal: 543

Beilage: Schupfnudeln.

Rollbraten von der Lammschulter

4 Portionen – Mit Alkohol

1 Lammschulter, ohne Knochen
(etwa 800 g, vom Metzger
auslösen lassen)

Salz

frisch gemahlener Pfeffer

2 Zwiebeln

2 Knoblauchzehen

5 EL Olivenöl

250 ml (¼ l) Fleischbrühe

150 ml trockener Weißwein

600 g Tomaten

1–2 Zweige Rosmarin

Zubereitungszeit: **30 Minuten**
Garzeit: **etwa 6 Stunden**

1_ Den Backofen bei Ober-/Unterhitze auf 80 °C vorheizen. Lammschulter mit Küchenpapier trocken tupfen und Fett und Sehnen abschneiden. Lammschulter mit Salz und Pfeffer bestreuen.

2_ Lammschulter aufrollen und mit Küchengarn zusammenbinden. Zwiebeln und Knoblauch abziehen und fein würfeln. Olivenöl in einem großen flachen Bräter erhitzen. Den Rollbraten darin von allen Seiten in etwa 10 Minuten gut anbraten.

3_ Zwiebel- und Knoblauchwürfel dazugeben und kurz mitbraten. Brühe und Wein hinzugießen, unterrühren und kurz aufkochen lassen. Den Bräter auf dem Rost (unteres Drittel) in den vorgeheizten Backofen schieben und den Rollbraten etwa 6 Stunden garen.

4_ Etwa 3 Stunden vor dem Ende der Garzeit Tomaten waschen, abtrocknen, halbieren und die Stängelansätze herausschneiden. Tomaten in Stücke schneiden. Rosmarin abspülen und trocken tupfen. Von einem Zweig die Nadeln zupfen und hacken. Den zweiten Zweig in kleinere Stücke zupfen.

5_ Tomatenstücke mit in den Bräter geben, mit Salz, Pfeffer und gehackten Rosmarinnadeln würzen. Den Bräter zurück in den Backofen schieben und den Rollbraten zu Ende garen.

6_ Vom Rollbraten das Küchengarn entfernen. Den Rollbraten in Scheiben schneiden, mit Tomatengemüse und kleinen Rosmarinzweigen garniert servieren.

Pro Portion: E: 40 g, F: 26 g, Kh: 6 g, kJ: 1847, kcal: 440

Beilage: Gnocchi.

Lammhaxen

4 Portionen – Für Gäste

4 Lammhinterhaxen
  (je etwa 400 g)
Salz
frisch gemahlener Pfeffer
½ TL Pul Biber
  (geschrotete Pfefferschoten)
3 EL Olivenöl

2 Zwiebeln
4 Knoblauchzehen
400 g Zucchini
4 Tomaten
1 EL gerebeltes Rosmarin
1 TL gerebelter Thymian

Zubereitungszeit: **30 Minuten**
Garzeit: **etwa 5 ½ Stunden**

1_ Den Backofen bei Ober-/Unterhitze auf 80 °C vorheizen. Lammhaxen mit Küchenpapier trocken tupfen und Fett und Sehnen abschneiden. Lammhaxen mit Salz, Pfeffer und Pul Biber bestreuen.

2_ Öl in einem großen flachen Bräter erhitzen. Die Haxen darin von allen Seiten in etwa 8 Minuten gut anbraten. Den Bräter auf dem Rost (unteres Drittel) in den vorgeheizten Backofen schieben und die Lammhaxen etwa 5 ½ Stunden garen.

3_ Etwa 2 Stunden vor dem Ende der Garzeit Zwiebeln und Knoblauchzehen abziehen und fein würfeln. Zucchini und Tomaten waschen und abtropfen lassen.

4_ Von der Zucchini die Enden abschneiden und die Zucchini in etwa 1 cm große Würfel schneiden. Tomaten halbieren und die Stängelansätze herausschneiden. Tomaten würfeln.

5_ Zwiebel-, Knoblauch-, Zucchini- und Tomatenwürfel mit in den Bräter geben. Gemüse mit Rosmarin und Thymian würzen. Den Bräter zurück in den Backofen schieben und die Lammhaxen zu Ende garen.

6_ Die Lammhaxen vom Knochen und dann in Scheiben schneiden. Lammhaxenscheiben auf dem Zucchini-Tomaten-Gemüse servieren.

Pro Portion: E: 61 g, F: 17 g, Kh: 6 g, kJ: 1793, kcal: 429

Damwild in Dijonsauce
10 Portionen – Für Gäste

2,8 kg Damwildkeule
(ohne Knochen)

180 g Zwiebeln
5 EL Speiseöl, z. B. Rapsöl
Salz
frisch gemahlener Pfeffer

1 EL Tomatenmark
3 EL Dijonsenf
500 ml (½ l) Fleischbrühe
1 TL Estragon in Öl
2 Lorbeerblätter

Für das Pilzgemüse:
250 g frische Morcheln
1 kg Pfifferlinge
150 g Zwiebeln
5 Stängel Thymian
2 Zweige Rosmarin
5 EL Olivenöl
200 ml Gemüsebrühe

2 EL Speisestärke

Zubereitungszeit: **60 Minuten**
Garzeit: **etwa 5 Stunden**

1_ Den Backofen bei Ober-/Unterhitze auf 95 °C vorheizen. Die Damwild-keule mit Küchenpapier trocken tupfen, evtl. entfetten, entsehnen und enthäuten.

2_ Zwiebeln abziehen und würfeln. Das Öl in einem großen Bräter erhitzen. Die Keule mit Salz und Pfeffer würzen und in dem Bräter von allen Seiten etwa 10 Minuten anbraten. Zwiebelwürfel hinzufügen und mit anbraten. Tomatenmark und Senf unterrühren.

3_ Fleischbrühe hinzugießen und kurz aufkochen lassen, Estragon und Lorbeerblätter unterrühren. Den Bräter auf dem Rost in den vorge-heizten Backofen (untere Schiene) schieben und die Damwildkeule etwa 5 Stunden garen, dabei 2–3-mal wenden.

4_ Etwa 40 Minuten vor dem Ende der Garzeit die Pilze putzen, evtl. kurz abspülen und gut abtropfen lassen. Große Pilze in Stücke schneiden. Zwiebeln abziehen, halbieren und in halbe Ringe schneiden. Kräuter abspülen und trocken tupfen. Thymian in kleine Stängel zupfen, vom Rosmarin die Nadeln abzupfen. Einige Thymianstängel und Rosmarin-nadeln zum Garnieren beiseitelegen.

5_ Olivenöl in einer großen Pfanne erhitzen. Die Zwiebeln darin glasig dünsten. Pilze hinzufügen und andünsten. Kräuter unterrühren. Brühe hinzugießen und kurz aufkochen. Die Pilze bei schwacher Hitze 8–10 Minuten garen, dabei gelegentlich umrühren.

6_ Die Damwildkeule aus dem Bräter nehmen und warm stellen. Die Sauce kurz aufkochen lassen. Die Lorbeerblätter aus der Sauce entfernen. Speisestärke in etwas kaltem Wasser anrühren, in die Sauce einrühren und nochmals kurz aufkochen lassen. Die Sauce mit Salz und Pfeffer abschmecken.

7_ Die Damwildkeule in Scheiben schneiden. Das Pilzgemüse mit Salz und Pfeffer würzen. Damwild mit Sauce, Pilzgemüse und beiseite gelegten Kräutern garniert servieren.

Pro Portion: E: 61 g, F: 14 g, Kh: 5 g, kJ: 1668, kcal: 399

Beilage: Kartoffelpuffer oder Rösti.

Rehrollbraten

8 Portionen – Mit Alkohol

1 Rehkeule ohne Knochen
(etwa 1,6 kg)
2 Stangen Porree (Lauch)
2 rote Zwiebeln
Salz
frisch gemahlener Pfeffer
300 g Thüringer Mett

4 EL Olivenöl
1 EL Tomatenmark
400 ml heiße Fleischbrühe
300 ml trockener Rotwein
3 Lorbeerblätter

1 EL Speisestärke
1 Becher (150 g) Crème fraîche

Außerdem:
Küchengarn

Zubereitungszeit: **30 Minuten**
Garzeit: **etwa 5 Stunden**

1_ Die Rehkeule mit Küchenpapier trocken tupfen und entsehnen. Evtl. die Rehkeule etwas aufschneiden, sodass eine größere Fläche für die Füllung entsteht.

2_ Porree putzen, die Stangen seitlich einschneiden. Porree gründlich waschen, abtropfen lassen und in größere Stücke schneiden. Zwiebeln abziehen und fein würfeln.

3_ Die Rehkeule mit Salz und Pfeffer bestreuen, mit Mett bestreichen und 2–3 Porreestücke mittig darauflegen. Fleisch aufrollen und mit Küchengarn fest zusammenbinden.

4_ Olivenöl in einem Bräter erhitzen. Den Rollbraten darin von allen Seiten etwa 10 Minuten anbraten. Zwiebelwürfel und restliche Porreestücke hinzufügen, kurz mit anbraten. Tomatenmark unterrühren. Brühe und Rotwein hinzugießen, Lorbeerblätter hinzugeben, unterrühren und das Ganze kurz aufkochen lassen.

5_ Den Bräter auf dem Rost in den vorgeheizten Backofen (unteres Drittel) schieben und den Rollbraten etwa 5 Stunden garen, dabei 2–3-mal wenden.

6_ Den Rehrollbraten aus dem Bräter nehmen und warm stellen. Die Sauce zum Kochen bringen. Lorbeerblätter herausnehmen. Sauce pürieren. Speisestärke mit etwas kaltem Wasser anrühren, in die Sauce einrühren und kurz aufkochen lassen. Crème fraîche unterrühren. Die Sauce mit Salz und Pfeffer abschmecken.

7_ Den Rehrollbraten in Scheiben schneiden. Küchengarn entfernen. Rehscheiben mit der Sauce servieren.

Pro Portion: E: 50 g, F: 20 g, Kh: 5 g, kJ: 1810, kcal: 434

Beilage: Brokkoli und Spätzle.

Wildschweinrücken mit Pumpernickelklößen

6 Portionen – Mit Alkohol

1,2 kg Wildschweinrücken, ohne
   Knochen
180 g Zwiebeln
150 g Knollensellerie

4 EL Speiseöl, z. B. Rapsöl
Salz
frisch gemahlener Pfeffer
6–8 zerdrückte Wacholderbeeren
knapp ¼ TL gemahlene
   Gewürznelken

300 ml trockener Rotwein
200 ml Gemüsebrühe

Für die Klöße:
3 Brötchen (Semmeln) vom
   Vortag (etwa 200 g)
250 g Pumpernickel
100 g Lebkuchen ohne Schoko-
   lade oder Saucenlebkuchen
1 Bund Schnittlauch
3 Eier (Größe M)
150 ml Milch
60 g gehackte Mandeln
80 g Rosinen
3 EL Hartweizengrieß

80 g eiskalte Butter

Zubereitungszeit: **1 Stunde**
Garzeit: **etwa 1 ½ Stunden**

1_ Den Backofen bei Ober-/Unterhitze auf 95 °C vorheizen. Wildschweinrücken trocken tupfen. Zwiebeln abziehen. Sellerie schälen, abspülen
und abtropfen lassen. Zwiebeln und Sellerie in kleine Würfel schneiden.

2_ Öl in einem Bräter erhitzen. Fleisch mit Salz, Pfeffer, Wacholderbeeren
und Nelken würzen, in dem Bräter von allen Seiten etwa 5 Minuten
anbraten. Zwiebel- und Selleriewürfel hinzufügen, kurz mit anbraten.
Rotwein und Brühe hinzugießen, kurz aufkochen lassen.

3_ Den Bräter auf dem Rost in den vorgeheizten Backofen (unteres Drittel)
schieben und den Wildschweinrücken etwa 1 ½ Stunden garen.

4_ Etwa 45 Minuten vor dem Ende der Garzeit für die Klöße die Brötchen
vierteln, in dünne Scheiben schneiden und in eine Schüssel geben.
Pumpernickel und Lebkuchen fein zerbröseln, hinzufügen. Schnittlauch
abspülen, trocken tupfen und in feine Röllchen schneiden.

5_ Eier mit Milch verschlagen. Die Eiermilch zu den Bröseln in die Schüssel
gießen. Schnittlauchröllchen, Mandeln, Rosinen und Grieß hinzufügen
und das Ganze gut vermengen.

6_ Mit angefeuchteten Händen einen kleinen Probekloß formen. In einem
großen Topf Salzwasser zum Kochen bringen. Den Probekloß hineingeben und etwas ziehen lassen. Wenn der Probekloß nicht auseinanderfällt, aus der restlichen Kloßmasse 12 Klöße formen. Sollte der
Probekloß auseinanderfallen, noch 1–2 Esslöffel Semmelbrösel unter die
Masse kneten. Die Klöße in das kochende Salzwasser geben. Die Klöße
bei schwacher Hitze etwa 20 Minuten gar ziehen lassen.

7_ Den Wildschweinrücken aus dem Bräter nehmen, in Scheiben
schneiden und warm stellen. Den Bratensud durch ein Sieb in einen
Topf gießen und aufkochen lassen, mit Salz und Pfeffer abschmecken.

8_ Die garen Klöße mit einer Schaumkelle aus dem Topf nehmen und
etwas abtropfen lassen. Butter in die Sauce geben und kurz pürieren,
mit Klößen und Wildschweinrücken servieren.

Pro Portion: E: 54 g, F: 38 g, Kh: 60 g, kJ: 3491, kcal: 834

Beilage: Servieren Sie in Butter gebratene Apfelscheiben dazu und
garnieren Sie das Gericht mit Petersilie.

Rehkeule in Johannisbeersauce

8 Portionen – Fruchtig

1 Rehkeule, ohne Knochen
(etwa 1,8 kg)

150 g Zwiebeln
500 g Staudensellerie
30 g Ingwer

4 EL Speiseöl, z. B. Rapsöl
Salz
frisch gemahlener Pfeffer
100 ml Orangensaft
400 ml Fleischbrühe
150 g schwarze Johannisbeerkonfitüre
1 EL mittelscharfer Senf
1 TL Chiliflocken
2 Lorbeerblätter

300 g blaue kernlose
Weintrauben
1 Dose Artischockenherzen
(Abtropfgewicht 240 g)
120 g getrocknete Aprikosen
250 g Maronen
(gegart, aus der Dose)
40 g Butter
100 ml Gemüsebrühe
1 EL Honig

1 EL Weizenmehl
1 EL Speisestärke

Außerdem:
Küchengarn

Zubereitungszeit: **45 Minuten**
Garzeit: **etwa 5 Stunden**

1_ Den Backofen bei Ober-/Unterhitze auf 95 °C vorheizen. Die Rehkeule mit Küchenpapier trocken tupfen, evtl. enthäuten und entsehnen.

2_ Zwiebeln abziehen und fein würfeln. Staudensellerie putzen und die harten Außenfäden abziehen. Sellerie abspülen, abtropfen lassen und in dünne Scheiben schneiden. Evtl. etwas Selleriegrün zum Garnieren beiseitelegen. Ingwer schälen und in kleine Würfel schneiden.

3_ Das Öl in einem Bräter erhitzen. Die Rehkeule mit Küchengarn zu einem gleichmäßigem Päckchen zusammenbinden, mit Salz und Pfeffer würzen und in dem Bräter von allen Seiten etwa 10 Minuten gut anbraten.

4_ Nach und nach Zwiebel- und Ingwerwürfel hinzufügen und kurz anbraten. Orangensaft, Fleischbrühe, Johannisbeerkonfitüre und Senf hinzufügen und unterrühren, kurz aufkochen lassen. Chili, Lorbeerblätter und 200 g von dem Staudensellerie unterrühren.

5_ Den Bräter auf dem Rost in den vorgeheizten Backofen (unteres Drittel) schieben und die Rehkeule etwa 5 Stunden garen, dabei 2–3-mal wenden.

6_ Etwa 30 Minuten vor dem Ende der Garzeit die Weintrauben waschen, abtropfen lassen, entstielen und halbieren. Artischockenherzen auf einem Sieb abtropfen lassen und vierteln. Aprikosen ebenfalls vierteln. Maronen evtl. abtropfen lassen.

7_ Butter in einer Pfanne zerlassen, restlichen Staudensellerie darin andünsten. Aprikosen und Brühe unterrühren, kurz aufkochen lassen. Honig unterrühren. Maronen, Weintrauben und Artischockenherzen zugeben, unterrühren und kurz erwärmen.

8_ Die Rehkeule aus dem Bräter nehmen und warm stellen. Die Sauce kurz aufkochen lassen. Die Lorbeerblätter aus der Sauce entfernen. Mehl und Speisestärke in etwas kaltem Wasser anrühren, in die Sauce einrühren, aufkochen und unter gelegentlichem Rühren etwa 5 Minuten kochen lassen. Die Sauce mit Salz und Pfeffer abschmecken.
Die Rehkeule in Scheiben schneiden, dabei das Küchengarn entfernen. Rehkeule mit Maronenmischung, Sauce und evtl. mit Selleriegrün garniert servieren.

Pro Portion: E: 51 g, F: 13 g, Kh: 45 g, kJ: 2161, kcal: 517

Beilage: Spätzle.

Hasenfilet mit Pfifferlings-Weintrauben-Sauce

4 Portionen – Mit Alkohol

600 g Hasenfilet
Salz
frisch gemahlener Pfeffer
5 EL Speiseöl, z.B. Rapsöl
4 Schalotten
150 g Pfifferlinge
250 g grüne kernlose
  Weintrauben
250 ml (¼ l) trockener Rotwein

1–2 Zweige Rosmarin

1 Becher (150 g) Crème fraîche
1 EL mittelscharfer Senf
½ TL gerebelter Thymian

Zubereitungszeit: **30 Minuten**
Garzeit: **etwa 30 Minuten**

1_ Den Backofen bei Ober-/Unterhitze auf 80 °C vorheizen. Einen feuer-festen Teller oder eine Auflaufform mit niedrigem Rand auf dem Rost (mittlere Schiene) miterwärmen.

2_ Das Hasenfilet mit Küchenpapier trocken tupfen, evtl. vorhandenes Fett und Sehnen abschneiden. Das Filet mit Salz und Pfeffer würzen.

3_ Speiseöl in einer Pfanne erhitzen. Das Hasenfilet darin in etwa 8 Minuten von allen Seiten gut anbraten. Dann das Filet auf dem vor-gewärmten Teller oder in der Auflaufform in den vorgeheizten Backofen schieben und etwa 30 Minuten garen. Pfanne mit dem Bratensatz beiseitestellen.

4_ Schalotten abziehen und in Scheiben schneiden. Pfifferlinge putzen, kurz abspülen und gut abtropfen lassen. Größere Pfifferlinge etwas kleiner schneiden. Weintrauben abwaschen, abtropfen lassen und entstielen.

5_ Beiseite gestellte Pfanne erwärmen und die Schalottenscheiben darin anbraten. Pfifferlinge hinzufügen, diese ebenfalls kurz anbraten. Rotwein einrühren und die Sauce etwa 10 Minuten köcheln lassen.

6_ Rosmarin abspülen, trocken tupfen und die Nadeln von den Stängeln zupfen. Nadeln hacken. Crème fraîche und Senf in die Sauce einrühren. Sauce mit Thymian, Salz und Pfeffer abschmecken. Hasenfilet in Scheiben schneiden, mit Sauce und Rosmarin bestreut servieren.

Pro Portion: E: 36 g, F: 29 g, Kh: 14 g, kJ: 2060, kcal: 494

Beilage: Kartoffelpüree.

Ratgeber

Geeignete Fleischstücke

Voraussetzung für einen guten Braten ist eine gute Fleischqualität, mikrobiologisch einwandfreies Fleisch, eine lückenlose Kühlung des Fleisches und natürlich eine hygienische Verarbeitung im Haushalt. Besonders geeignet zum sanften Garen mit der 95 °C-Methode sind größere Fleischstücke vom Schwein, Rind, Kalb, Lamm, Wild und natürlich Geflügel im Ganzen.

Vorbereitung und Anbraten der Fleischstücke

Je nach Fleischstück und Rezept sollten Sie die Schwarte und/oder die äußeren Fettschichten abschneiden. Nur wenn Sie einen Krustenbraten zubereiten möchten, können Sie die Schwarte am Fleischstück belassen, bedenken Sie jedoch, dass die Fettschicht die Garzeit erhöht. Außerdem werden die Fleischstücke bei Bedarf enthäutet bzw. entsehnt. Wichtig beim Niedertemperaturgaren von 95 °C ist das richtige Anbraten. Die Fleischstücke müssen rundherum in heißem Fett oder große Stücke wie Geflügel im Ganzen im Backofen angebraten

werden. Dabei gerinnt das Eiweiß an der Fleischoberfläche und es bildet sich eine Kruste, die zum einen für ein gutes Bratenaroma verantwortlich ist und zum anderen dafür sorgt, dass der Fleischsaft im Inneren bleibt. So können die Bratenstücke nicht austrocknen. Gleichzeitig werden beim Anbraten evtl. vorhandene Keime auf der Fleischoberfläche vernichtet. Generell gilt – kleinere, dünnere Fleischstücke brauchen eine kürzere Anbratzeit als größere, dickere. Dies gilt auch für das anschließende Garen, welches je nach Fleischgröße bis zu etwa 7 Stunden dauern kann.

Backofeneinstellung und -überwachung

Meist wird die Backofentemperatur bereits vor dem Anbraten des Fleisches – in einem Bräter – auf Ober-/Unterhitze 95 °C eingestellt. So hat der Backofen beim Hineinschieben des Bräters mit dem angebratenen Fleisch die richtige Temperatur erreicht. Eine Ausnahme sind große Bratenstücke, wie Geflügel im Ganzen, die zum Anbraten nicht in einen Bräter passen.

Diese werden je nach Rezept bereits im Backofen bei einer höheren Temperatur angebraten und dann wird die Backofentemperatur auf Ober-/Unterhitze 95 °C heruntergeschaltet. Beim Garen mit der 95 °C-Methode wird der Bräter nicht mit einem Deckel zugedeckt. Beim Garen ist die Temperatureinhaltung des Backofens besonders wichtig. Auch wenn sich moderne Backöfen sehr genau einstellen lassen, können auch diese Geräte – wie ältere Modelle – Schwankungen unterliegen. Wir empfehlen deshalb, die Temperatur des Backofens mit einem Ofenthermometer zu kontrollieren und wenn nötig nachzuregeln. Schwierig ist in der Regel die Temperatureinstellung und -einhaltung bei Gasbacköfen. In diesem Fall sollten Sie mithilfe eines Ofenthermometers prüfen, ob Ihr Backofen die erforderliche Temperatur halten kann.

Garzeiten und Kerntemperaturen

Ebenso wie die Anbratzeit richtet sich auch die Garzeit nach der Fleischdicke bzw. -größe. Je dicker und größer das Fleischstück, desto länger ist auch die Garzeit. Auch die Menge der zugegebenen Flüssigkeit beeinflusst die Garzeit, geben Sie deshalb nur die in den Rezepten angegebene Flüssigkeitsmenge zum Braten. Zur Orientierung empfehlen wir Ihnen für größere Stücke die Angaben in der untenstehenden Tabelle. Beachten Sie bitte auch die in den Rezepten empfohlenen Garzeiten.

Garzeiten im Verhältnis zur Fleischdicke

Dicke des Fleischstückes in cm	Garzeit in Stunden
5–6	2 ½–3
7	4–5
10–12	etwa 6
15–17	6–7

Mithilfe eines Lebensmittelthermometers können Sie nach der empfohlenen Garzeit prüfen, ob Ihr Bratenstück fertig gegart ist. Diese Thermometer gibt es in verschiedenen Ausführungen. Preiswert sind analoge Einstechthermometer. Präzisere Messungen ermöglichen digitale Lebensmittelthermometer. Die Kerntempe-

ratur des Bratens sollte, nach der empfohlenen Garzeit, zwischen 70 °C – 80 °C betragen. Wird diese Temperatur noch nicht erreicht, muss der Braten im Backofen weiter garen. Wichtig ist die Einhaltung der erreichten Kerntemperaturen vor allem bei Geflügel im Ganzen. Hier kann es sein, dass es im Übergangsbereich zwischen Fleisch und Knochen noch nicht richtig durchgegart ist.

Was Sie noch wissen sollten!

Servieren Sie den Braten immer auf vorgewärmtem Geschirr. Sauce, die dazu gereicht wird, sollte heiß sein, damit der Braten nicht zu stark und schnell auskühlt. Ein großer Vorteil dieser Garmethode besteht darin, dass eine Überschreitung der Garzeit, weil z. B. die Beilagen noch nicht fertig sind oder sich vielleicht Ihre Gäste verspäten, nicht gleich zum Qualitätsverlust des fertigen Bratens führt. Zum längeren Warmhalten empfiehlt es sich, die Backofentemperatur auf 60 °C zu reduzieren. Kleinere Braten können dann ohne große Qualitätsverluste etwa 30 Minuten länger im Backofen bleiben, große Braten etwa 1–1 ½ Stunden. Die 95 °C-Methode eignet sich im Gegensatz zur 80 °C-Methode gut, um Geflügel im Ganzen sanft zu garen.

Tipp: Geflügel füllen

- Das vorbereitete Geflügel auf den Rücken legen.
- Die Füllung in den Bauchraum geben.
- Die Öffnung mit Holzstäbchen zustecken und mit Küchengarn verschnüren, oder die Öffnung mit Küchengarn zunähen oder mit Rouladennadeln verschließen.

Ratgeber

Abkürzungen

EL	=	Esslöffel
TL	=	Teelöffel
Msp.	=	Messerspitze
Pck.	=	Packung/Päckchen
g	=	Gramm
kg	=	Kilogramm
ml	=	Milliliter
l	=	Liter
evtl.	=	eventuell
Fl.	=	Fläschchen
geh.	=	gehäuft
gestr.	=	gestrichen
TK	=	Tiefkühlprodukt
°C	=	Grad Celsius

Kalorien-/Nährwertangaben

E	=	Eiweiß
F	=	Fett
Kh	=	Kohlenhydrate
kJ	=	Kilojoule
kcal	=	Kilokalorie

Hinweise zu den Rezepten

In jedem Rezept steht, für wie viele Portionen es berechnet ist. Lesen Sie bitte vor der Zubereitung, besser noch vor dem Einkauf, das Rezept einmal vollständig durch. Oft werden Arbeitsabläufe oder -zusammenhänge dann klarer. Die in den Rezepten angegebenen Gartemperaturen sollen genau eingehalten und mithilfe eines Ofenthermometers überwacht werden. Die in den Rezepten angegebenen Garzeiten sind Richtwerte. Bitte beachten Sie bei der Einstellung des Herdes die Gebrauchsanweisung des Herstellers.

Zutatenliste

Die Zutaten sind in der Reihenfolge ihrer Bearbeitung angegeben.

Arbeitsschritte

Die Arbeitsschritte sind einzeln hervorgehoben, in der Reihenfolge, in der sie von uns ausprobiert wurden.

Zubereitungszeiten

Die Zubereitungszeit beinhaltet nur die Zeit für die eigentliche Zubereitung. Längere Wartezeiten wie z. B. Auftau-, Kühl- und Marinierzeiten sind nicht einbezogen. Die Garzeiten sind gesondert ausgewiesen.

Kapitelregister

FSC
Mix
Produktgruppe aus vorbildlich
bewirtschafteten Wäldern,
kontrollierten Herkünften und
Recyclingholz oder -fasern
Zert.-Nr. GFA-COC-001575
www.fsc.org
© 1996 Forest Stewardship Council

Verlagsgruppe Random House FSC-DEU-0100
Das für dieses Buch verwendete
FSC-zertifizierte Papier *Hello Fat Matt 1,1*
liefert Condat, Le Lardin Saint-Lazare, Frankreich.

Redaktion   Jasmin Gromzik, Miriam Krampitz

Titelfoto   Antje Plewinski, Berlin

Innenfotos   Thomas Diercks, Hamburg (S. 21, 59, 67, 83, 93, 103)
Ulli Hartmann, Halle/Westf. (S. 25, 29, 31)
Christiane Krüger, Hamburg (S. 13, 27, 39, 71, 75, 87, 89, 115)
Antje Plewinski, Berlin (S. 5, 9, 15, 17, 19, 23, 33, 35, 37, 41, 43, 69, 73, 77, 85,
91, 109, 111, 113, 117, 119, 131, 135, 137)
Axel Struwe, Bielefeld (S. 11, 45, 47, 49, 51, 53, 57, 61, 63, 65, 79, 81,
95, 97, 99, 101, 105, 121, 125, 127, 129, 133, 139)
Norbert Toelle, Bielefeld (S. 123)
Brigitte Wegner, Bielefeld (S. 107)

Grafisches Konzept   kontur:design GmbH, Bielefeld
Umschlaggestaltung   kontur:design GmbH, Bielefeld
Satz und Gestaltung   M·D·H Haselhorst, Bielefeld

Druck und Bindung   Offizin Andersen Nexö, Leipzig

ISBN: 978-3-453-85566-3